温州大典

歷代古籍編

中華書局

經部

〔宋〕戴侗撰

影鈔元刊本六書故

第三册

六書故

十一卷

人四

如

[redacted]

口　𦣞

六書故弟十一

永嘉戴　侗

人三

口苦后切象形

口之象形

𦣞与之切象齒頰齗齶形又作頤从人頁亦作

齒𦣞又胡諑切別作頦胲漢書曰函齒牙樹頰胲𦣞胲一聲實一字也今

大七十六

卻

甌人亦呼𦣞爲胲頷師𦣞所以㑹也故因古以胲爲頰肉音改非
之爲𦣞養之義
𦣞之龤聲

賾

賾士革切𦣞中深處也易曰探賾索隱朱子易說曰賾襍亂也又曰字書無賾字祇作嘖大呼也傳曰嘖有煩言非深也若以爲深則與隱深遠三字一義矣按賾隱深遠三義略同探索鉤致其義亦鄰味探之一言賾之義可見矣

𦣝　齒

𦣝与之切說文曰廣𦣝也

齒赤里切口齗骨也象形又作𦥑止聲說文

古文口有齒有牙齒當脣牙當車齒相直

也牙相入也男子八月而生齒八歲而毀

齒女子七月而生齒七歲而毀齒故㠯齒

名其秊

齒之會意

齔　齨　齻

齔楚覲切毁齒也女七歲而始毁齒故

齔从七七亦聲又上聲別作齓

齨其九切說文曰老人齒如臼也臼亦聲一曰馬八歲齒如臼也

齒之鍇聲

齻側鄰都季二切眞牙也男子二十三

歲女子二十一歲眞牙生喪禮含實貝

柱𠂇又齻康成曰象齒堅也類篇曰牙兩畔長者按禮言柱𠂇又齻

盇貝柱著屮乂齻而上非堅也類篇之說近是

齗　齶　函　齧　齕

齗五斤切齒本也亦作齦又作⿰齒言⿱㹜齒

齶五各切齒齗有廉塄也

𢎘胡男切說文𢎘舌也象形舌體弓弓弓亦聲徐鉉曰或作𢎘伯曰函即顄也象齒函舌譌爲圅侗謂函[illegible]中有物也从古文齒弓㱿譌爲圅是也

齧五結切　齕戶骨切　齩五巧切　齒食爲齧爲齕齕重於齧牙食爲齩齩說文作嚙俗作咬

齩　齮　齦　⿰齒内　⿰齒可　⿰齒剌

又作齩咬又於交切哇咬淫聲

齮負綺切齧掎齕也

齦康根切又上聲齧食骨間肉也與齗通

⿰齒内眤洽切茹嚙不輟

⿰齒可口下切骨著身間不去也字林曰大齧也

⿰齒剌盧達切齧骨聲又作⿰剌齒

⿰齒責　齰　齘　齷　齪

⿰齒責士革切說文曰齒相直也

齰側革切牢齧也漢書曰杜門齰舌自殺又作齚又助駕切

齘戶介切齒相切也考工記函人爲甲衣之欲其無齘也謂甲齒不相切令人言怒而切齒爲噤齘

齷於谷於角二切齪初六初渥二切齷齪齒細密也故人之曲謹者亦曰齷齪

大日五十四

齱　齵　齟　齬　齹

齱側鳩切齵五婁切齱齵齒攢蹙不妥皃齱又作齺說文曰齒搚也一曰齰也

齟牀呂側呂二切齬魚巨疑古二切齟齬齒不相直也鉏鋙出入故亦因名齟齬別作鉏鋙非

齹在何切齒差也鄭公孫嬰齊字子齹別作齹

⿰齒戔　齾　⿰齒胥　齞　齳　齡

⿰齒戔楚縒切齒跌也又作齹

齾五轄切齒小缺也

⿰齒胥刱所切齒酸也亦作齭齼

齞研絸切口張齒見也又作齴⿰齒干

齳魚吻切說文曰老無齒也又作齫荀子曰齫然而齒隊矣

齡郎丁切㠯齒察秊之長少故謂秊齡

齝　齛　谷　㐁

齝丑之切噍也又作呞⿰齒司⿰齒恩齛助逹切羊粻也爾雅曰半曰齝羊曰齛又息削切亦作⿰齒曳⿰齒禼

谷其虐切口上阿也仌象其理亦作臄詩云嘉肴脾臄又作⿰口卻毛氏曰函也陸氏曰函本又作⿰月函引說文函舌也又曰口裏肉也通俗文曰口上曰臄口下曰函

谷之疑

㐁說文曰舌皃孫氏他念切㐁說文曰古文㐁讀若導一曰讀若沾又讀

舌　餂

若誓弻字从此

舌食削切象舌在口中說文曰在口所吕言且別味也从干干亦聲李陽冰曰開口則干人故从干徐鍇曰凡物入口必干於舌也按干於舌聲義皆舛徐李之說鑿而不通

舌之會意

餂他檢切吕舌探食也孟子曰士未可吕言而言是吕言餂之也可吕言而不

舐　䑙

言是己不言餂之也是皆穿窬之類也又他念切己舌餂出物也又沾兼切舌之龤聲

舐陳旨切又昰旨切己舌取味也別作䑛錫𦧇咶荀子曰伏而咶天莊周曰咶其橐則口爛而爲傷

䑙他荅切羹芼并歠也又作嚃記曰毋嚃羹康成曰不嚼菜也陸氏又音吐計吐外二切非別作習諫

⿰舌詹蚩占切，舚如詹切，⿰舌詹舚，吐舌皃。

甘古三切，穀味也。象口含物，味甘也。書云：稼穡作甘。別作苷。小兒食甘過則為甘疾，別作疳，竝非。

甘之會意

甜徒兼切，甘也。說文曰：美也。从甘从舌，舌知甘者。按俗㠯甘為甜，古無甜字。

猒於鹽切，飫滿也。从肰从甘，甘亦聲。或作

猒从㠯非引之則凡充足之意皆曰猒詩云猒猒夜飲又曰猒猒良人飽不欲憂食曰猒太𣪊別作饜厭說文厭安也引詩厭厭夜飲

甘之龤聲

旨

旨職雉切甘美也

旨之龤聲

嘗

嘗市羊切察味美惡也詩云嘗其旨

甚　吅

否引之則凡事之嘗試皆曰嘗又引之與曾同曾嘗一聲曰之疑

甚常枕切 說文曰尤安樂也从甘匹匹耦也 按書傳之用太過爲甚甚之曰甚㕦聲

口之會意

吅況袁切讙也取二口竝爲義 說文曰讀若讙徐鉉

大九十三　大

咢

曰或通作讙
俗作喧非

吅之會意

咢五各切兩人應和而歌也从兩口从

丂詩云或歌或咢爾雅曰徒擊鼓曰咢
徒歌曰謠一說徒歌

曰咢按詩言或歌或咢咢非歌也擊鼓
恐亦不可謂之咢咢从兩口故㠯爲唱

和或曰說文無
咢字咢卽㖾也

吅之諧聲

咢五各切，爭言也。說文曰：譁訟也。趙良曰：千人之諾諾，不如一士之咢咢。亦作諤。通爲鍔。

遻之遻，見辵部。

嚴語淹切，禁吅也。說文曰：教令急也。嚴古文。寒乞凜

嵒因謂之嚴。別作巖。

哭犬毒切，哀号也。說文曰：獄省聲。或曰犬聲。

哭之會意。

喪　喌　單

喪穌湯切哭亾爲喪亾之之謂喪亾

聲古者失位因謂之喪

喌之六切嘑雞聲也說文曰嘑雞重言之通作祝

粥

吅之疑

單都寒切書傳之用爲單特之義書云

明清亐單辭記曰鬼神之祭單席又爲

單盡詩云單厥心又曰俾爾單厚與嘽通又上衍切周有單子又地名單父又省連切太歲在卯曰單閼匈奴君長曰單亏

說文單大也从吅甲吅亦聲古金石刻多作單

𤕤說文曰亂也从爻工交吅一曰窒𤕤讀若禳徐鍇曰二口嚀省也爻物相交貫也工人所作也已象交冓形孫氏女庚切𤕤籒文

品　喿　喦

㗊 品丕飲切品類區別也易曰品物流形又曰田獲三品書曰五品不孫

品之會意

喿 穌到切鳥群鳴也三口在木上喿之義也別作噪譟喿

品之疑

喦 旾秋鄭取宋師亏喦說文曰多言也从品相連孫氏

㗊　嚚　囂

尼輒切

㗊說文曰衆口也讀若戢又讀若呶孫氏阻立切

㗊之龤聲

嚚語巾切禦人㠯口給也書曰嚚訟可乎曰父頑母嚚傳曰口不道忠信之言爲嚚說文曰嚚古文

囂半高欣消二切衆口吅囂也夏省聲

器　噩

小九十五

說文曰聲也气出頭上从頁頁首也又或作買按气出頭上之說曲而不通

囂囂自㝵皃五高切假借用之孟子曰人知之亦囂囂人不知亦囂囂又作謷莊周曰謷乎大哉又曰謷乎其未可制也

㗊之疑

器去冀切器用也說文曰象器之口犬所㠯守之俗作器

噩五各切周官六夢二曰噩夢杜子春曰當爲

吴 吴

驚愕之愕爾雅曰太歲在酉曰作噩

吴乎匕切大口也負之大口者曰吴負

吴五乎切說文曰姓也亦郡也一曰大言也从矢周頌曰不吴不敖毛氏曰譁也陸德明曰說文作吴大言也何承天云吴當作吴从口从大誤爲吴也徐鍇曰大言故矢口㠯出聲改吴作吴者繆按大言者未嘗矢口何說幾是吴殆言之頗也周太伯封於吴今蘇州也漢爲吴郡

咟　咠　吹

咟仍吏切記曰負劍辟咟詔之又曰執食飲者勿气有問焉則辟咟而對何氏曰口耳之間曰咟康成曰口旁曰咟

咠七入切說文曰聶語也引詩咠咠幡幡

吹昌垂切吐气也欲暵者歔之欲涼者吹之與龡通又去聲管樂也記曰命樂正入學習吹

命

命眉慶切命者令之物也从口从令令出於口成而不可易之謂命傳曰君能制命爲義秦始皇始改令曰詔命曰制節詔與制可㠯見命令之分仁義禮知之同旻富貴貧賤壽夭之不亝莫之爲而爲莫之致而至者皆天之所命也萬物咸命於天故天命單謂之命詩曰維天之命於穆不已

大二句廿五

中庸曰天命之謂性孟子曰仁之於父子也義之於君臣也知之於賢者也聖人之於天道也命也孔子曰道之將行命也道之將廢命也又曰旻之有命皆天命也

名

名莫幷切說文曰自命也从夕夕冥不相見㠯口自名也按周官中夏教茇舍辨号名之用㠯辨軍之夜事莫夜則惟悔徽識

右脣吻

不可辨故必謹其号名㠯相壹名之文所㠯从夕也凡名所㠯名物物非名不辨名不辨則實不應而治不行故曰名者人治之大者也生人之初固必名命百物㠯相告詔朕未壹也黄帝始正百物之名㠯明民顓頊能修之及周而大簡外史掌之達諸三方九歲則屬三方之瞽史而喻書名

眐聲音𤔔名攺作者誅古之道也名正則實旻實旻則治辨故名實相中曰治名實不相中曰𤔔古之制治者正名㠯明民後之繼治者循名㠯責實故名不可不正也周之衰也外史之學流而爲名家後益繆𤔔至於今曰名𤔔極矣荀卿曰有王者起必收有循於舊名而有作於新名名學不

右　唇　吻

可不講也

（篆）于救切口手劦助也詩云維天其右之俗㠯此為𠂇又之又故右助之右叜作祐佑非也

口之䶒聲

（篆）食倫切口端也別作脣䫃

（篆）武粉切兩唇之合為吻說文曰口邊也鄭康成曰口腃也又作脗䐣䐣㖧吻考工記曰鋭喙決吻謂之羽屬

喉

喉胡鉤切聲气所出入通於肺者也喉嗌而咽後又謂之胡今俗謂嚨胡亦曰胡嚨也漢書金日磾捽胡投何羅殿下晉灼曰胡頸也漢童謠曰請爲諸君鼓嚨胡胡喉一聲也戈頸因謂之胡

咽

咽烏前切水穀所入爲咽下通於胃又作胭膣食下咽爲咽吞聲別作嚥詩云鼓咽咽僭其

嚨　嗌

聲㠯形容數聲也讀如字陸氏曰咽本又作嚥丗烏玄切又於斤切非按詩又云伐鼓囦囦咽咽囦囦其聲不同囦囦狀鼓聲之多而遠咽咽聲近而疊味其聲可㠯知其義讀之當各如字又烏結切食不下气塞也

嚨盧紅切喉也凡空中者率謂之籠亦謂之霝故俗亦謂之霝喉也嚨又上聲

嗌伊昔切咽喉也說文𦏺籀文上象口下象頸脈理伯曰嗌咽之

噲　吮　⿰口集　⿰口疌　噆

入聲

噲苦夬切說文咽也詩云會噲其正毛氏曰猶快快也

吮徂兗切欶也兒初生則能吮乳

⿰口集即入切⿰口疌子狎切又作呼插唼⿰口戠噆作荅切又作⿰口帀喈皆欶也吮吕唇⿰口集⿰口疌噆吕唇舌⿰口集⿰口疌噆之輕重深淺各象其聲莊周曰蚊蝱噆膚

噆⿰口⿱兟曰又子感切

啐　啐　嚌　吸　呷

啐子律切小歃也通亦作啐

啐子内切小歠也嚌在詣切歃沾脣至齒也書云太保受同祭嚌孔氏曰至齒也記曰小祥之祭主人之酢也嚌之眾賓兄弟則皆啐之

吸迄入切翕水歙也

呷迄洽切大歠也別作哈

大日六六

嗏　噬　嗑　啗

嗏丁劦切歃也史記曰始與高帝嗏血盟語不休者因謂之嗏嗏又悳盇切俗作嗒噣

噬時制切齧食也亦作簭考工記曰攫𦋺爰簭

嗑胡臘切𠯶曰頤中有物曰噬嗑噬嗑而亯亨卦曰嗑者合也說文嗑多言也讀若甲䶌食也

啗徒濫切食也召食食人因謂之啗優㤯曰主孟啗我亦作噉啖說文啗食也讀與含同啖噍啖也

喫嘬窡嘰噍嚼

喫苦擊切食也古言食今言喫

嘬初怪切大餐也記曰毋嘬炙又作歠毳

窡丁滑切說文曰滿口食也

嘰居衣切小食也相如賦曰嘰瓊華

噍才肖切茹也嚼才爵切茹噍咀嚼同聲其義亦略同蜀食曰茹粘食曰噍肉食曰嚼嚼粗而噍細記曰侍食於君子數噍毋

爲口容又茲消切聲嘶急也記曰其哀心感者其聲噍以殺又曰小者至於燕雀猶有啾噍之頃焉

㕮 咀 嗛

㕮弄甫切咀才呂子呂二切又去聲㕮咀小嚼而弗細也醫方藥之爲粗坐者曰㕮咀

嗛胡監切與銜通晉語曰嗛嗛之德不足

就也韋昭曰猶小小也

含

含胡南切與函通銜於吻曰嗛函於𦣝曰含又去聲能者以珠玉米貝實頷中謂之含別作唅

哺

哺薄故切含餐也史記曰漢王輟食吐哺食嬰兒者吐所含以食之鳥雀之食其子亦然故謂之哺

味 吞 嗢 叨 噇 噎

小十三

味無沸切曰苦酸辛鹹是謂五味

吞吐根切咽也

嗢烏沒切咽聲也

叨吐刀切貪食也亦作饕

噇傳江切餐也

噎一結切食窒不下亢也又於悉切亦通作咽又作饐

吐　嘔　哇　咯　喀

吐他魯切吐出水食也又厺聲病自吐也

嘔烏口切吐也未下咽者吐之已咽者嘔出之又嫗羽切亦作喀通亦作歐又乎聲用爲哯嘔之嘔

哇烏瓜切彊嘔也孟子曰出而哇之又於皆切俚俗歐歌也故謂淫哇哇咬說文曰諂聲也

咯苦角切大喀也古通作㱿說具㱿下說文作嗀

喀乞格切㱿也不出喀喀然也

噦　哯　呱

噦於月切乞乎虛嘔也哇嘔噦喀咯各象其聲又呼外切詩云鑾聲噦噦毛氏曰徐行有節也說文作⿰言歲

哯他典胡典二切說文曰不嘔而吐也嬰兒胃寒若乳滿欲乳謂之哯或作咞⿰口典

呱古乎切兒啼聲也書曰啓呱呱而泣詩云后稷呱矣別作喡

啼　咷　噓　呵

啼田黎切兒啼也記曰始卒主人啼言父母之喪哭如嬰兒也亦作嗁或作㖒

咷徒刀切哭不止也易曰同人先号咷而後笑

噓朽居切口出气也歔噓同聲自鼻爲歔自口爲噓噓歙義相近歙重於噓

呵虎何切噓也開口而噓之則温戲唇而

呺

吹之則涼噓呵之別眂其聲又俗通用爲呵吐之呵

呺荒号切叫呺也令人亦用爲呺吸之義呺出息也吸内息也按出入息常自鼻不當从口呺吸當作歔歙歔息之聲爲烏呺古亦單作号烏又烏加切呺虛加切因之爲呺召別作虖嘑謼謣說文虖哮呺也嘑啼也啼啼聲也呺謼切謣召也謼謣謼也又荒故切長呺告遠也傳曰有夜登丘而呺曰無有亂又曰因呺萊駒失戈孟子

曰魯君之宋呼於垤澤之門又曰呼爾而與之又許賀切疑怒發聲也傳曰江芈怒曰呼役夫記曰曾子聞之瞿然曰呼

言

□語軒切聲能道其意曰言說文曰辛聲□古文□中信又敦文□又癸方鼎文□言又鼓文鄭敷仲曰言从舌从上言出於舌上也又用爲發語辭

言之會意

詰　讟　譶

誩渠慶切兩言爭勝也又作競引之爲彊詰

誩之龤聲

讟徒谷切煩言也傳曰君無怨讟又曰作事不旹怨讟動於民

譶徒合切說文曰疾言也从三言又作諸讘說文諸誻也誻語相反遝也讘嗑也嗑多言也

計　音　章

訃古詣切說文曰會也算也从言从十言之龤聲

音於今切記曰聲成文謂之音說文曰从言含一侗謂从一無義蓋从言一聲或曰从言省目聲音之會意

章諸良切音之一成爲一章从十數之成也引之爲文章之章文文采也

響 韻

小五十二

章節奏也孟子曰不成章不達成章則明著故又引之爲章明別作彰

音之龤聲

響許兩切聲銳也又作嚮闢說文響聲也闢門響也

韻王問切音響相龤也聲相應爲韻古通作均鈞亦作韵裴光遠曰古與均同周語曰律所以立均出度也細鈞有鍾無鎛

韶

大日五十六

昭其大也大鈞有鏄無鍾甚大無鏄鳴其細也（韋昭曰鈞調也）凡詩必有韻令之字書㠯音相劦爲部曰韻書

韶市招切樂名也帝舜之樂韶周官作磬亦通作招傳曰祭公謀父作祁招之詩孟子曰齊景公召大師作君臣相說之樂蓋徵招角招是也

伯大

竟　韽　語　話　說

竟居慶切音兵也說文曰樂曲兵爲竟从人按从人無義蓋斤聲斤之譌爲人

韽於感切聲揜而不曼揚也周禮曰微聲韽康成曰聲小不徹也說文曰下徹聲也又厺聲

語魚与切相與言也語之曰語厺聲

話胡快切言說也說文曰合會善言也譮籀文別作咶

說輸爇切釋言也巧說㠯移人意者曰

說舒芮切偺爲說駕之說脫也通作稅又爲解脫之說吐活切通作稅脫又爲喜說之說弋雪切通作悅

辭佀茲切文之合爲言言之合爲辭孟子曰說詩者不㠯文害辭不㠯辭害意从言𤔔聲亦作詞說文曰詞从司意內而言外也辭訟也从辛从𤔔𤔔猶理辜也𤔔理也𤔲籀文又辤不受也从辛从受受辛宜辤之辝籀

談　講

文按受辛之說曲而不通受乃爰之譌辛乃言之譌凡受命者受賜者不受則㠯辭卻之故不受者因謂之辭

談𨑨甘𨑨監二切縱言也又作譚春秋有譚國詩云譚公維私

講古項切相與論說也易曰麗澤兌君子㠯朋友講習孔子曰學之不講是吾

評　論　議　訓　誨

憂也講解怨爭者因謂之講

評蒲兵切稱量也

論盧昆切極言也所論爲論去聲

議宜寄切擬議是非可否也

訓許運切教命也又借義與順通書云皇天用訓厥道詩云三方其訓之

誨呼内切教也

詔

詔諸曜切贊告也記曰禮有擯詔非特禮也古之人位愈尊則愈不自用王肯巫而後史卜筮瞽侑皆在𠂇又無非己禮樂詔王者至國之政事則百官之長各己其職詔王大之生殺廢置祭祀朝覲小之升降出入語默動靜無不有擯詔者焉非曰其知不隶下也中心無爲

詔　課　謨

娄己㠯从道所㠯厺於無過之地也自秦㠯來始㠯天子之命令爲詔㠯上詔下而下莫敢詔上易之道矣

詔亏貴切語人曰謂又爲稱謂又與曰同義謂曰聲相通也

課莫浮切相與䇞度也說文謀𠰔古文

謨莫胡切成課曰謨課謨聲義相通也

諏　詢　訪

故引之爲謨訓書曰皋陶亐厥謨又曰
丕顯哉文王謨說文[illegible]古文
諏子牟子亐二切咨謀取善也咨諏聲
義相近傳曰咨事爲諏
詢相倫切侚問愽問也書曰詢亐亖岳
詩云詢亐芻蕘周禮曰致萬民而詢焉
訪旉亮切就問也

詷　訊

詷古熒切偵問也說文曰知处告言也

訊思晉切實問也周禮曰吕三刺斷庶民獄訟之中一曰訊群臣二曰訊群吏三曰訊萬民詩云召彼故老訊之占夢說文𧦝古文當作[illegible]囟聲又告語也詩云夫也不良歌吕訊之訊誶聲義相通詩云凡百君子莫肎用訊聽言則荅譖言則退訊與

誶　諗　諫

遌劦陸氏音碎

誶穌數切訊也莊周曰虞人逐而誶之楚辭曰謇朝誶而夕替賈誼曰母取甘帚立而誶語

諗式荏切深告也詩云將母來諗毛氏曰念也鄭氏曰告也傳曰辛伯諗周桓公

諫古晏切正救之言曰諫說文諫証也証諫也

請　謁　許　諾　讎

請七井切稟求也漢書奉朝請顔師古才姓切

謁於歇切通白也白請也通名㠯請見者因謁之謁

許虛呂切諾可也又呼古切詩云伐木許許儋㠯狀用力之聲也

諾奴各切譍聲也

讎市流切言相讎數也說文曰猶譍也詩云無

誰 診 警 詩

佐廿三

言不讎無惪不報引之爲讎敵仇讎

誰示佳切𦏧何其人也誰𦏧同聲

診之忍切審辨也莊周曰覺而診其夢

令醫家察衇謂之診

警居京切訓戒警寤之也與儆通

詩書之切辭有聲韻可㠯永歌其志爲

詩又作䛡說文曰𧥒古文書云詩言志歌永言

謠

謡余招切詩云心之憂矣我歌且謠毛氏曰曲合樂曰歌徒歌曰謠傳曰文武之世童謠有之曰鸜之鵒之公出辱之鄭語曰宣王之昔有童謠曰檿弧箕服實亡周國按歌必有度曲聲節謠則但搖曳永誦之童兒皆能爲之故有童謠也又作䍃别作嗂徐本説文無謠字䚻徒歌也从言肉唐本曰䚻从

佐七十九

也从言从肉肉亦聲謠辻歌也嗂喜也和樂之皃也徐鉉曰䍃从肉非聲當从䚻省乃㝵聲然不知䚻之从肉又何義也鼂氏曰䚻余周切謠余招切

諺魚變切民俗常所稱誦也孟子曰夏諺曰吾王不游吾何以休吾王不豫吾何以助傳曰周諺有之匹夫無罪褱璧其罪又曰諺有之心則不競何憚於病曰諺所謂老叔至而耄及之又曰諺曰

讀　誦　諷

臣一主二凡此所謂諺也又書云乃逸乃諺既誕孔氏曰叛諺不共也類篇曰詖諺自矜皆因無逸而爲說

讀徒谷切讀書也又徒透切句中絕也別作⿰口賣

誦佀用切朗讀也諷方弄切緩誦也古通作風微辭幾諫謂之風諫詩云或出入風議誦眂讀爲有音諷眂誦爲有味永眂諷爲長歌則聲有節奏成文

諷誦識

也周禮曰吕樂語敎國子興道諷誦言
語傳曰衛獻公使太師歌巧言之卒章
師曹請歌之遂誦之葢誦則其辭義易
曉也孟子曰誦其詩讀其書
識職吏切聞言而志之不忘也孔子曰
小子識之記曰愽聞彊識通作志引之
爲徽識幟識記曰吕能者爲不可別已

記　　證　諳

故㠯其惱識之亦作幟又謂職切識見也語曰多見而識之知之次也别作誌

記居吏切記與志聲義相近筆之簡冊所㠯傳久遠而不忘也故謂之記亦謂之志

證諸應切言有徵也古通作徵

諳烏含切熟聞也說文曰悉也别作⿰言酓⿰言奄詥

大曰八十七

試

試式吏切試用㠯考驗其言也書云敷奏㠯言明試㠯功後之論人者不試㠯事功而試之㠯言辭何㠯知人乎哉三岳薦鯀帝若咈之岳曰試可乃已三岳薦舜若曰我其試哉女亏旹觀厥刑亏二女乃命㠯位歷試諸難皆試之㠯事也引之爲用詩云百僚是試孔子曰吾

課　託　譬　謾

不試故埶

課苦臥切程也說文曰試也

託他各切寓言也引之爲寄仗孟子曰王之臣有託其妻子於其友而之楚游曾子曰可以託六尺之孤別作侘詫

譬匹至切比類以喻曰譬通作辟

謾識削切鋪陳詞說也說文曰拕陳也从言从叏叏使

譯　譜　識　諫

人按从叏無義叏乃叟之譌引之則凡拖謖皆用之

譯夷益切通釋三方之言也

譜愽古切類記也䙴杳曰三代系表旁行郭上竝效周譜譜起周代司馬與佗

古今世表蓋放周譜

識楚禁切肯定徵兆之言也

諫迼劦切閒刺也周官環人掌捜諜賊

誓

誄

傳曰誄出曰原叔降矣又曰使伯嘉諜之

誓旹制切矢言也周禮曰五戒先後刑罰毋使罪麗于民一曰誓用之于軍旅要之曰刑賞使知戒也

誄力軌切哀死之辭也周官太祝掌作六辭曰通上下親疏遠邇六曰誄又作讄說

文曰誄謚也讄禱也絫功惪㠯求福引論語讄曰禱尒亏上下神示按論語孔子疾病子路請禱子曰有諸子路對曰有之誄曰禱尒亏上下神示葢誄辭嘗有是故子路引㠯爲證非㠯誄爲禱也古者誄而謚之誄也者論撰其惪行㠯哀慟之因㠯命謚焉尒遂㠯誄爲謚而㠯讄爲禱斷誤也已

謚

謚神至切王公卿大夫沒迹其惪行而爲之稱曰謚周道也徐本說文謚行之迹也从言兮皿闕徐鍇曰兮聲也謚笑皃益聲孫氏伊笞呺狄二切唐本無謚但有謚行之迹也

讞謝

字林謚从益按易笑言啞啞笑皃當作啞不當从言謚从皿亐聲亦非謚之聲書傳謚号之謚皆从益而縊亦㠯益爲聲謚蓋益聲

讞語蹇切議所疑也顔師古音負削切見漢景紀中三秊

謝辭夜切釋從也傳曰使夏謝不敬記曰从而謝焉引之爲謝右謝絕記曰大夫七十而致事若不㝵謝則必賜之几丈辭謝聲義相近說文曰謝辭去也今人㠯拜賜拜辱爲謝

非也又因謏去而爲衰謏凋謏別作謝又爲

邑名申伯所𢾊

訝

訝吾駕切迎問也與迓輅御義相近周官掌訝掌逆迎賓客凡賓客之治令使訝治之諸侯已鄉訝鄉已大夫訝大夫已士訝士皆有訝凡訝者賓客至而往詔相其事訝士掌三方之獄訟因之爲

誘

詸

詁𬣳猜𬣳

誘㕥九切開道而引之使進也語曰夫子循循然善誘人傳曰天誘其衷又曰楚之羸其誘我也又作羑說文曰羑相呼也从厶羑或作誘誦羑古文又見竿部

詸雩律切說誘也伯曰詸猶鉥也鉥所㕥引綫也

詒　謄　訖　諸

小廿九

詒與之切吕言相遺也凡饋詒通用之與貽通詩云自詒伊阻又曰詒爾多福又曰無父母詒罹

謄徒登切滕侈口語也古單作滕易曰咸其輔頰舌滕口說也說文曰迻書也

訖居迄切畢辭也

諸章魚切昆問也之乎之合言爲諸說文

譽　誠

曰辨也又衆也

[篆]羊茹切亦乎聲稱美也又詩云是㠯有譽処兮又曰式燕且譽曰韓姞燕譽易曰往蹇來譽又曰終㠯譽命皆不可㠯閒譽言蘇氏曰與豫通悅豫也侗疑兼與裕通从容悅豫意也

[篆]氏征切言不欺也易曰脩辭立其誠

司馬溫公曰誠自不妄語始充其義則表裏終始純實無僞之謂誠大學曰誠其意者毋自欺也如惡惡臭如好好色中庸曰誠者物之終始不誠無物程叔子曰無妄之謂誠不欺其次矣無妄正也與誠少異程子蓋以妄爲僞

信

信息晉切言不渝也誠在言歬信在言後㐰古文□亦古文說文曰信从人从言按人言爲信此亦鑿說物

不能言言皆人也人言有信有不信故信之名古文从人从口豈人口則爲信乎信蓋从言人聲言不渝則有實故有實之謂信孟子曰有諸己之謂信有實則人信之故信又有孚義又假偕爲信宿之信一宿爲舍再宿爲信又乎聲屈申之申亦偕用此

諶

諶是吟切誠信也書曰天難諶詩曰天

諒

生烝民其命匪諶又作訦說文曰諶誠諦也燕代東亝謂信訦毛萇曰諶誠也忱信也按諶爲信忱爲誠聲義相近而實不同詩書言難諶匪諶皆从言信之謂也尚克旹忱蔽旹忱忱恂亏九悳之行皆从心誠之謂也君奭曰若天棐忱又曰天命不易天難諶一篇之中二字竝用諶之與忱其義辨矣惟大明之詩天難忱斯其字从心蓋亦可通用也

諒力讓切執言必信也語曰君子貞而不諒又曰豈若匹夫匹婦之爲諒也自

誠　謹

經於溝瀆而莫之知也又曰友直友諒

記曰請肆簡諒又曰易直子諒之心鄭氏曰信也通作亮孟子曰君子不亮惡乎執

諴戶㒟切書云至諴感神又曰其丕能諴亏小民孔氏曰諴和也說文同按和恐非其義諴佀有誠意孚格之義

謹居隱切愼言也語曰便便言唯謹爾

大百三十五

王

詻　闇

小九十八

詻又陌切辭厲也說文曰論訟也記曰戒容暨暨言容詻詻康成曰教令嚴也倜謂戒言非但教令詻詻堅不可奪之皃也

闇語巾切謹言皃語曰朝與下大夫言侃侃如也與上大夫言闇闇如也又曰閔子侍側闇闇如也說文曰和悅而諍也夫言有不當苟合者無問尊卑皆當爭雖於君父亦然何爲乎獨於上大夫而爭

訒

調

訒而振切言難出也語曰爲之難言之㝵無訒乎說文曰頓也

調迠遼切龤和衆口也僭爲調戲之調季曰調戲當作挑說文又有誂相呼誘也又去聲律呂相龤爲一調亙聲十二律㳂相爲宮爲六十調後人又益亙聲爲七爲八十三調令通言調度蓋由此選吏用人屬役賦事

詡　謐

因謂之調漢匡衡調補平原文學張釋之十秊不㝵調又調關東輕車鋭卒大農呂均輸調鹽鐵助賦皆謂均度其才能輕重也顔師古皆訓調爲選

詡況羽切言辭和眗也記曰會同主詡又曰悳發揚詡萬物說文曰大言也今俗言夸詡

謐彌必切宓靜無譁也說文曰靜語也一曰無聲也

謙　讓

謙苦兼切遜孫也謙之發形諸辭讓故从言

讓而羕切推遜也孟子曰辭讓之心禮之端也周官司徒㠯昜禮教讓則民不爭子生八秊始教之讓出入門戶及卽席飮食必後長者人之所㠯群居和壹者莫大於讓故孔子曰能㠯禮讓爲國

讜 諄 詳 諦 訂

乎何有又爲譙讓周語曰有威讓之令楚子使薳章讓黃譙與讓聲義通

讜他朗切言忠直也

諄章倫切告語諄憂也

詳佀羊切周悉也

諦都計切審當也又作⿰言帶

訂丁定切正定也說文曰平議也孫氏他頂切

詣　詃　諟

詣五計切，語到也。說文曰候至也。引之爲徃詣之詣。

詃古哀切，兼詃也。說文曰軍中約也。春秋穀梁氏曰：此詃郊之變也。亦作賅。莊周曰：百骸九竅六藏賅而存焉。司馬彪曰備也。又作晐，說文曰兼晐也。

諟上旨切。書曰：顧諟天之明命。孔氏曰是也。說

訏　諝　誼

小六十六

文曰理也

訏況亏切大言也引之爲闊大之義詩云訏謨定命又曰實覃實訏又曰且往觀乎洧之外洵訏且樂又上聲曰川澤訏訏毛氏曰大也說文曰詭僞也一曰訏嗟又亝楚謂信曰訏

諝私呂切說文曰知也又作㥠亦知也

誼儀寄切言發扵義而不可奪也漢書

訍　詰　譙

吕此爲義

訍他皓切問故也語曰毋叔訍論之孟子曰天子訍而不伐謂問其罪也說文从寸無義寸乃又之譌

詰去吉切窮問也引之爲詰治書云詰爾戎兵又曰司寇詰姦慝

譙昨肖切責讓也又作誚說文曰古文書云

大日四七

譴　謫

小五九

王亦未敢誚公漢書樊噲譙讓項羽又眙宵切詩云予羽譙譙毛氏曰殺也陸氏曰本亦作燋又爲譙樓之譙漢書曰安丞與戰譙門中顏師古曰譙亦呼爲巢謂門上爲高樓以望猶巢車也亦通作樵趙充國塹壘木樵師古曰樵與譙通又地名

譴去戰切誅𢊁也謫陟革切責罰也古通作遣適謫又作讁

誅

誅陟輸切罪責也小者譴謫大則刑戮傳曰坐厎誅屨於辻人費孔子責宰予曰於予與何誅記曰吕足蹙路馬芻有誅齒路馬有誅誅所吕从言專吕誅爲殺戮非也

詬

詬呼寇切辱詈也傳曰予不忍其詬又曰吕詈詬語之亦作訽楚辭曰忍尤而

詆　訶　訕　謗

⿰扌襄訽又作⿰口后

詆典禮切排毀也又作呧說文詆苛也一曰訶也呧苛也

訶虎何切大聲叱厲也古通作何

訕師晏切非議鄙笑也語曰惡居下流而訕上亦作姗姍說文曰訕謗也姍誹也一曰翼便也刪省聲

謗補浪切顯議在上之人也春秋傳曰庶人謗

訐　誹　譏　訾

訐居謁切招人之私也
誹妃尾切又去聲非毁也史記曰小雅
怨誹而不亂
譏居衣切刺也
訾叔移切算論也記曰不訾重器漢書
訾算十吕上乃㝵官又曰貧不中訾又
曰膠西王爲無訾省府庫壞漏盡腐財

物吕巨萬計貟牐傳巴寡婦家亦不訾

又叔此切𤬪毁也記曰不苟訾又曰毋

訾衣服成器衣服巳制器巳成皆不當

𤬪毁之康成曰訾思也思則疾貪鑒而不通詩云翕翕訿

訿朱子曰訿訿相詆也又爲訿窳詩云皋皋訿訿

曾不知其玷毛氏曰訿訿窳不共事也又作呰荀子

引詩作呰呰說文曰呰苛也又作啙說文曰啙窳也窳污

誣　讒

窳也史記曰楚越之民呰窳偷生漢書作

呰徐廣曰呰窳苟且惰懶也應劭曰呰弱也師古曰呰短也

誣武夫切㠯無爲有㠯有爲無虛加之

也唐本說文曰加諸也

讒鉏咸切崇飾惡言毀譖害能之謂讒

詩云讒人罔極交亂三國漢書民謠曰

邪徑敗良田讒口亂善人

譖　訟　𧦝　諑

譖側禁切会毀之謂譖

訟佀用切又平聲爭曲直於官有司也

𧦝桑故切顯訟直攻之謂𧦝又作訴通作愬說文曰訴㡿聲徐鉉曰㡿非聲蓋古字音多與今異如亹亦音門乃亦音仍按𧦝與㡿皆㠯屰爲聲㴊與訴皆㠯㡿爲聲古音實相通

諑竹角切訐也廣雅曰責也諻也方言曰楚南謂愬爲諑楚辭曰衆女嫉予之蛾眉謠諑謂予㠯善

詛

淫按春秋傳晉人徵韓亐衛衛侯辭㠯難太子又使椓之椓郎詠也杜氏曰椓譖又欲速旻其処

詛莊助切誓於鬼神也周官詛祝掌盟詛之祝号鄭氏曰大曰盟小曰詛詩云出此三物㠯詛爾斮傳曰鄭伯使卒出豭行出犬雞㠯詛射穎考叔者蓋其辭若云俾隊

譸

其師無克祚國及而玄孫無有老幼之類也故祝爲吉祝而詛爲惡祝傳曰祝有益也詛亦有損又曰宋國區區而有詛有祝

譸張流切多言詛祝也書曰無或譸張爲幻孔氏曰譸張誑也按譸張二字二義譸今人所謂閗喋也張張皇也通作侜詳見侜下說文譸詶也詶譸也詛詶也

誕　謾

誕 徒旱切大言也 說文 籒文 𧦅 引之爲闊大書云誕叓文悳又曰誕告萬方詩云旄丘之葛兮何誕之節兮引之爲誕謾欺誕書云乃逸乃諺既誕又僭爲發語辭詩云誕彌厥月誕寘之隘巷誕實匍匐

謾 莫半切言無實也又平聲欺罔也與瞞通

詑 讕 諼 誑

小六三

詑丑亞切夸語也又作誇

讕洛干切又去聲讕翻不伏實也或作譋

諼況袁切爲紿也借義爲忘詩云永矢弗諼又曰兗不可諼大學引詩作諠艸有諼艸己能忘憂名詩云焉得諼艸言樹之北別作萱藼萲蕿

誑居況切紿戲也記曰幼子常視毋誑

詭　譎　詐　詖

古通作迋詩云無信人之言人實迋女又作誑恁說文恁誤也

詭過委切曲辭不己正也引之爲詭隨

詭遇爲詭異別作恑姽說文恑變也姽閑體行姽姽也

譎古穴切變詐回遹也別作憰說文字皆權詐也

詐側駕切欺僞也

詖彼義切頗側也與陂通孟子曰詖辭

知其所蔽說文曰辨論也古文㠯爲頗字

誤 詿 譌

誤五故切繆差也俗作悞非

詿古賣古罵二切相誤也說文有兩詿一圭聲一佳省聲皆誤也又作譔說文相誤也又作譔

譌五禾切傳繆也亦作訛又作訛詩云民之譌言譌則轉易失初故又爲變易詩云式譌尒心

諞　諂　諛　訑

諞婢善切便佞也秦誓曰惟截截善諞言又号聲說文曰諞便巧言也引論語友諞佞

諂丑琰切卑辭曲媚之謂諂

諛羊朱切阿和贊譽之謂諛

訑余支商支二切誕謾自大也孟子曰訑訑之聲音顏色拒人於千里之外莊周曰僻陋慢訑楚辭曰或忠信而死節

諱護謔詼諧

或訑謾而不疑別作訑詑𧨙䛐

諱許貴切忌惡掩諱不言也

護胡故切掩覆也

謔虛約切戲言也

詼枯回切滑稽詼謿也

諧戶皆切詼諧滑稽諧笑也又與龤通用爲諧和之諧

讙　訌　謣　訬　謱

讙 呼官切衆口歡呼也記曰高宗三季不言言乃讙又曰鼖鼙之聲讙

訌 戶工切詩云蟊賊内訌訌與鬨聲義相近

謣 弓瓜切叩囂也

訬 楚巧切說文曰訬擾也又弓聲

謱 郎矦切謱謱語不休也謱覶語煩也

大百廿二

譇　謈　誻

小六四

說文曰謰謱也方言曰謰謱拏也

譇陟加切譇語吅也拏譇譇拏語競也說文曰譇拏羞窮也別作譇譃誃

謈蒲角切漢書鄗舍人榜不勝痛呼謈服虔曰音暴師古曰步高反

誻他合切唐本說文曰言語相及也徐本曰言語相反誻也按今俗有誻問之說

讋　謦　詵

讋讋質涉切，言失气也。漢書項籍斬會稽安夜中皆讋伏。又龍讋，囁多言也。又作讋，說文曰讋，囁也。

謦夳挺切，莊周曰昆弟親戚謦欬其側。

謦徼發聲也。又夳聲。

詵疏臻切，說文曰致言也。詩云螽斯羽詵詵兮。毛氏曰衆多也。孫愐曰衆人言也。

大百廿二　周

謖　謏　訇

謖所六切士虞禮曰尸謖鄭氏曰起也削子曰未嘗見舟而謖操之

謏息有先了二切記曰發慮憲求善良足吕謏聞未足吕動衆鄭氏曰謏之言小也按發慮憲求善良恐不止於小聞

訇胡涓切又維傾呼宏二切說文曰騃言也匀省聲訇籒文不省

謭　讝　訩　詎

謭宰衍切史記曰能薄淺才謭（司馬氏曰淺也）

讝語劒切寐病妄語也又之廉切（又作譫）

訩虛容切詩云家父作誦以究王訩（毛氏曰訩訟也唐本說文同徐本誤以訟為說味詩義恐亦非訟或作詾說）

詎臼許切又去聲詎之為言猶豈也其也漢書僭用巨字又平聲亦通僭渠字（按古無詎字）

詹　善

言之疑

詹職廉切說文曰多言也从言从八从产莊周曰大言炎炎小言詹詹經傳用爲詹望詹仰之詹別作瞻

善常衍切說文譱吉也从誩从羊此與義美同意善篆文从言按經傳善之義不待釋而明偕他義㠯釋之者往往皆差說文曰吉也孫愐曰良也大也佳也皆不足㠯盡也

音　曰　曶　沓

音　於力切　說文曰快也从言从中

曰　王伐切　有言也乙聲

曰之象形

曶　呼兀切　說文曰出气詞也象形曰籀文

曰之會意

沓　道合切　說文曰語多沓沓如水也　別作嗒嗒遝說文曰遝迨也迨說也按迨遝止當作合沓

朁　曷　曹

曰之龤聲

朁七感切說文曰曾也

曷何曷切何也亦通用害字

曰之疑

曹藏牢切說文曰獄兩曹也在廷東故从㯥治獄者㠯言故从曰按此說鑿而不通疑即嘈字从曰㯥聲按書傳所用爲曹耦周語曰民所曹好鮮其不濟也詩云乃

問　𠷎　啓　咨　召

造其轡又爲國名亦爲姓

問文運切問所不知也

𠷎直由切說文曰誰也通亦作𠷎令作⿰目𠷎又作噂

啓康禮切開白也又作启

咨即夷切資課也說文曰課事爲咨別作諮又因其聲

爲齎咨咨嗟也咨別作嗞說文曰嗟也

召直笑切呼之來也又甞照切邑名召公

大司七十一

喚 吅 售 唯

奭所食後因以爲氏 別作邵

喚呼毌切呼也呼喚聲相通

吅古弔切高喚也又作嘂周禮曰夜嘑旦以嘂百官又作噭記曰無噭應

售承周切荅也 別作周 市賈價賈直因謂之售受直爲售去聲古通作讎

唯以水切應之速者其聲唯記曰父命呼

喏　可　叵

唯而不諾又引之爲口開翕皃詩云其負

唯唯又假借之用乎聲與惟維通專也

喏尒者切應聲也古無此字疑卽諾字

可肎我切肎可同聲其義一也

可之轉注

叵普火切不可之疾言爲叵从反可

可之諧聲

哿 哥 和

小三十八

哿古我切可也詩云哿矣富人哀此惸獨又曰哿矣能言巧言如流毛氏曰可也

可也疑

哥古俄切說文曰聲也古㠯爲歌字

和胡戈切聲相龤也或曰五味和於口也引也凡和龤者皆曰和通作龢別作盉僭爲鸞和之和鈴在車上者也康成曰鸞在衡和在式杜元凱

曰和在衡又爲和門之和見桓下又去聲此唱而彼應曰和

如若

如而朱女朱二切順也說文曰从隨也从女从口徐鍇曰女子从父之教从夫之命故从女按从女無義女乃聲也借爲如往之如若而灼切如也順也說文若擇菜也从艸从右右手也叒曰出東方暘谷所登榑桑叒木也象形叒籒文孫氏而灼切按書傳不聞㠯若爲擇菜者且擇菜而从右無義榑桑叒木之說無稽然楚辭亦曰折若木㠯拂日則

若木之說舊矣古鐘鼎文凡若皆作𦱀蓋从口而𡴆聲𡴆譌而爲𦬠亦籒文从叒从口即若字也如與若又引之其用與佀與肰通如若肰佀同聲其義亦通又借爲謂人之辭尒汝而若同聲皆謂人也

吾

吾卬胡切自謂之辭也吾我卬聲相通皆自謂也又借爲爻吾之吾漢官名執金吾取此亦作梧又牛加切漢金城有允吾縣

台

㠯盈之切台猶余也書曰匪台小子敢行稱亂又曰㠯台正于三方台予余同聲皆自謂也又與何同義書曰夏罪其如台乃曰其如台台何同聲皆誰問也徐本說文曰說也類篇引說文曰悅也疑即怡字然說文又自有悅字又土來切詩云黃耇台背爾雅曰駘背者耋也毛氏曰台背大老也鄭氏曰台之言鮐也大老則背有鮐文漢志曰斗魁下六星兩兩相比

大日七十　王

喻

曰三能蘇林音台晉志曰三台六星兩兩而居起文昌列抵太微西近文昌二星曰上台次二星曰中台東二星曰下台

喻俞戍切聞言心解也孔子曰君子喻於義小人喻於利記曰君子之教喻也罕譬而喻亦作諭教曉因謂之諭也說文曰諭告也一曰呴喻和悅皃按諭教曉也告不足㠯盡義呴喻乃雙聲假借非正義也說文無喻字

按六經多作喻惟周禮祭義作諭

合

合侯閤切言相合也一曰吻合也引之凡和合會合皆用之別作佮敆詥迨說文曰詥諧也佮合也敆會合也迨遝也又古沓切

否

否方九甫鳩二切不然也通作不又筏鄙切乞閉塞也易曰天地不交否別作痞

咈

咈叓勿切不然之辭也書曰咈哉與弗拂

唱　哦　吟　哉

通

唱尺亮切發聲高唱也亦通作倡詩云叔兮伯兮倡予和汝記曰一倡而三歎

哦牛何切高吟也

吟魚音切亟永聲也去聲喜為吟永痛為呻吟疑為沈吟又作唫[illegible]訡

哉將來切語餘歎辭也又去聲與載通書

云朕哉自亳孟子作載詩云陳錫哉周書秋傳作載書又曰哉生明爾雅曰始也

句

㔾九遇切辭之絕爲句記曰一季眡離經辨志康成曰離經斷句絕也又古矦切借爲鉤曲之句記曰句者畢出又作蓲亦借用區樂記曰區萌達艸木初甲拆其萌句曲也又古候切俗語稱句當別作勾非

唐　嘲　呶

唐徒郎切說文曰大言也啺古文今人言荒

唐蓋取此帝堯㠯唐爲氏

嘲陟交切嘲譺也亦作謿漢書亦作啁又啾嘲

嘲哲聲之吅襍噍殺也

呶尼交切語吅呶不休也詩云載号載呶

說文曰讙聲也亦作怓詩云㠯謹惛怓毛

氏曰惛怓大亂也鄭氏曰猶讙譊也亦作

譊說文曰恚呺也亦通作嘵

咻　嘈　囋　噂　哲

咻虛尤切眾口咻吼也孟子曰眾楚人咻之

嘈祖刀切眾口嘈襍也

囋才贊切嘈不已也荀子曰問一而告二謂之囋又入聲

噂祖本切說文曰聚語也詩云噂沓背憎

哲陟削切嘲哲也亦作喆借為明哲之哲

大日七三

伯大

嗸　嗃　呹

嗸五刀切嘈不䜌聲也詩云哀鳴嗸嗸又詩讒口囂囂漢書作嗸嗸又作謷

嗃黑角切多責譙狀也易曰家人嗃嗃悔厲吉一本作熇又虛交切莊周曰夫吹管也猶有嗃也

呹呼決切聲之瞥疾也莊周曰吹劍首者呹而已矣

呢　㖇　呫　喔

呢女夷切呢㖇小語也

㖇那函切㖇㖇口不休也荀子曰㖇㖇而

噍又作嘴或作誷譎

呫尺涉切切切切附語也漢灌夫曰效女兒

囁呫囁耳語

喔於谷切又於角切喔伊兒女笑語聲也

說文曰喔雞聲也

哯　吺　嘖

哯如乜切又於嘉切哯嘔兮聲與嬰兒譍和語也荀子曰掇循之哯嘔之令俗云阿嘔是也

吺汝朱切欲言而憂縮唇吻囁吺也亦作嚅又作顬顳說文曰讘吺多言也唐本爻聲徐本投省聲按韓退之言口將言而囁嚅爻聲是也驩兜之兜亦有作吺者故孫氏音當矦切而徐从投省音義皆非也

嘖側伯士革二切聲煩襍也傳曰會同難

咋　嚄

嘖有煩言莫之治也又爲歎聲亦作唶又作謮諎說文曰嘖大呼也或作謮諎大聲也讀若笮又作唶集韻曰歎聲也按爾雅行邑唶唶白樂天詩曰嘖嘖雀引雛嘖唶之聲細微大聲大呼之說皆非也

咋側格切伯曰噍口聲也傳曰季桓子咋謂林楚杜元凱曰咋齰也不然又側駕子夜二切

嚄屋虢屋郭二切史記曰噩鄂嚄唶宿將司馬氏曰多辭句也

咄 嗾 唆 啾 喞 喤

小九十四

咄丁括切語發聲也說文曰相謂也又都骨切

嗾千后蘇后二切嗾使也傳曰公嗾夫獒焉或作⿰口取

唆穌禾切唆嗾同聲實一字也古無唆字

啾收由切小聲也

喞子悉切喞喞竊語聲亦歎聲也別作嚌嚱

喤胡光切聲皇也詩曰乃生男子其泣喤喤

嘐　嘽

喤曰鍾鼓喤喤曰喤喤厥聲別作諻鍠又戶肓切

嘐火交切聲大而敫也說文曰夸語也孟子曰其志嘐嘐然曰古之人古之人令人㠯喘是爲嘐嗌㠯其聲嘐嘐然與哮通又居肴切

嘽他干切聲气盛猴也說文曰喘息也一曰喜也詩云戎車嘽嘽嘽嘽焞焞如霆如雷毛氏曰衆也又曰嘽嘽駱馬毛氏曰喘息皃又曰王旅嘽嘽如飛

大司五十二

噑　喊

如翰毛氏曰盛也鄭氏曰閑暇有餘力之皃又曰𨑒御嘽嘽毛氏曰喜樂也鄭氏曰安舒也按毛鄭一字而數義皆緣詩辭曲爲之說非嘽之正義也又齒箸切記曰其樂心感者其聲嘽㠯緩鄭氏曰寬綽皃

噑他昆切口气歎蔆也說文曰口气也詩云大車噑噑毛氏曰重遲皃

喊呼覽切大聲呼也古通作闞詩云闞如

嚛　唪　嘻

嗁虒又厶聲或作嚂又作獥說文曰小犬吠也南陽新亭有獥鄉

嚛火沃切說文曰食辛嚛也

唪補孔切詩云瓜瓞唪唪毛氏曰唪唪然多實也說文唪大笑也讀若詩瓜瓞菶菶

嘻許其切微笑聲易曰婦子嘻嘻又噫嘻歎聲也開聲爲烏嘑亦音啞呼闔聲爲噫嘻或作欸歖譆嚱誒亦通作戲

大司四十

咥　啞　听

咥許既切笑聲也又許訖切亦笑聲也或作咭吃詩云咥其笑矣又迭結切易曰履虎尾咥人凶噬也陸氏直結切蓋闕音

啞乙格切歡笑聲也易曰笑言啞啞又作謚說文曰笑皃又倚下切令人謂喑啞又於加切歐啞伊啞優啞皆聲也漢書伊優亞單作亞按此當作烏烏有鴉音也

听空引切笑見齒皃相如賦曰听然而笑

咍　噱　叱　喝

又作囅莊周曰桓公囅然而笑陸氏敕引切

咍呼來切說文曰蚩笑也楚辭曰衆兆之所咍

噱其虐切大笑也漢書談笑大噱師古曰噱笑聲

叱尺粟切怒訶聲也

喝虛葛切訶虖也因之爲恐喝漢書竇憲陰喝不㝵對注讀一介切猶噎塞也又作歇又於介切气

大日四五

小六十六

塞不𡕥言嗌中聲也相如賦曰聲流喝别作

嗌呃
呝𧦝

吒　咤

吒尺駕切叱也稍徐也說文曰吒噴也公叱怒也噴吒也明宣曰親在叱吒之聲未嘗至於犬馬亦與咤互用記曰無咤食康成曰嫌薄之也陸氏曰叱咤也史記項王喑惡叱咤

咤陟駕切虛歎也書曰乃受同冒王三宿

三祭三咤太保受同祭嚌王咤而太保嚌輕重之等也孔氏以咤爲奠非說文因之有詫字从言無義

嚇

嚇虛訝郝格郝各三切恐嚇也莊周曰鴟旻腐鼠鵷鶵過之仰而眡之曰嚇

嗔

嗔昌眞眞其切盛气怒也又亭季切說文曰盛气也引詩振旅嗔嗔

噫

噫於其切噫歎聲也又於介切說文曰飽

小七十七

号

食息也

号号刀切長呺也有長呺㠯告遠命衆者有哀痛而号者亦作號嗥又作獆諕唬說文曰号痛聲也號呺也嘷咆也譹長說从犬按从虍者虍号也从犬者犬号也其為号呺一也不當有二字又去聲物有号名所㠯号召也周禮曰辨号名之用又因之為号令易曰渙汗其大号

唁　哆　咺　唅　呼

唁魚變切弔問也弔生曰唁或作喭詹讞喭又魚旰切語曰由也喭粗鹵也

哆尺紙齒者二切口張大也

咺況晚切又況遠切口張大皃詩云赫兮咺兮說文曰朝鮮謂兒泣不止曰咺又作喧又作愃說文曰寬嫺心腹皃引詩赫兮愃兮

唅虛曰切呼虛乎切唅呼張口中空皃唅又作谽唅呼又作谺谾谽谺谷空也不當別爲字

呺　吁　喟　喘

呺虛嬌切虛大皃莊周曰非不呺然大也

奥枵通讀爲号者非

吁況亏切長歎也說文口部有吁驚也凡亏部又有吁驚語也

意之所否者其發聲多吁

嘳丘貴切太息聲也或作喟凡烏呼噫嘻吁

喟咨嗟皆歎聲其義各如其聲

喘昌沇切气不旻乎瘚息也

嚏　呻　嘅　嗟　哀　啜

嚏都計切气午口鼻歕嚏也亦單作疐

呻失人切殯痛呻吟也

嘅苦蓋切歎也詩云嘅其歎矣與慨通

嗟咨邪切又遭哥切歎辭也又作䜋說文曰䜋咨也一曰痛惜也按嗟有爲痛惜者有爲歎美者

哀烏開切又於希切悲聲發号聲也

啜張劣切詩云啜其泣矣令用爲歠字說文曰嘗也一曰

呿　唫　嗋

喙也孫氏昌說切盇呂爲歔

呿丘於丘加二切口開也莊周曰公孫龍口呿而不合縈問曰呿吟至微注呿謂欠呿呂氏春秋曰呿而不唫高誘曰呿開唫閉

唫半音切口急難開也與吟互用

嗋許劫切口合也莊周曰口張而不能嗋陸氏曰合也

吝　㕯　商

吝良刃切，舍忍不吐也。說文曰：恨惜也。㖫，古文。別作吝、悋。漢志貪遴，通作遴。

㕯女骨切，疌於言也。又女滑切。說文曰：言之訥也。又作

訥。說文曰：言難也。記曰：言吶吶然如不出諸其口。陸氏如悅切，徐氏奴劣切。按㕯、吶將一字，吶字移口於外爾。徐、陸音俱非。

㕯之疑

商式昜切。說文曰：从外知内也，章省聲。商、商，古文。商，籀文。按商

於經傳爲商度易曰商兌未寧又爲商賈行曰商坐曰賈或作賣說文曰行賈也又爲殷國都因邑爲氏

局

局其力衢六二切言有所局不㝵申也尺聲詩云謂天蓋高不敢不局謂地蓋垕不敢不脊局與脊脅說文曰从口在尺下一曰博所目行棊象形徐鍇曰人之無涯者唯口故口在尺下爲局引其義爲卷局句曲局

局趨 别作喝騗偈寫髩楚辭曰跼跳而遠 玄孫愐曰跼踡曲也騗馬𠀈不正
㥯有局吕限巢也官有局吕限職守也記
曰毋又有局各司其局 别作梮
𠯑古活切結舌也說文曰塞口也从氒省聲
吃居乞切語蹇也 又作欯說文曰喜也 一曰口不便言也
嘎古杏切說文曰言爲舌所介也悲者嘎
咽亦通作梗

噤　嗄　喑　咼

噤巨禁切齒頰彊不旻開也別作齽齡說文噤口閉也

嗄所假切啼極嗌乾聲嬰也老氏曰兒曰号而嗌不嗄

喑於令切失聲不能言也令人謂啞倚下切又作瘖說文曰宋齊謂兒泣不止爲喑瘖不能言也又僭其聲爲喑烏史記項王喑噁叱咤

咼苦媧切說文曰口戾不正也別作喎嘝𡏞說文曰

哨　嗇　叱

攲不正也

哨七笑切說文曰不容也記曰枉矢哨壺鄭氏曰不正皃又所教切

嗇牀義切嗇猶止也不嗇猶言何止也亦通作翅

吪又禾切寐中驚語也詩云尚寐無吪別作化吪通作訛詩曰或寢或訛毛氏曰動也

大曰十五

主

小六十七

呈　嘌　嗿

呈直貞切說文曰平也史記曰日有呈不中呈不㝵休息蓋㠯為程度之程今人㠯為呈白呈露

嘌匹妙切詩云匪風飄兮匪車嘌兮說文曰疾也孫氏撫招切毛氏曰嘌嘌無節度也

嗿他感切陸氏勑感切詩云有嗿其饁毛氏曰眾皃說文曰聲也引詩

咮　嗉　咆　哮

咮陟救陟戍二切鳥喙也亦作噣亦通作注

嗉穌故切鳥頷下畜食處也亦單作素天官書張素爲廚爾雅曰亢鳥嚨其粻嗉

咆薄交切哮許交切虎豹怒號咆哮也亦通作炰烋詩云女炰烋于中國哮又作搋

咆又作嚥嚗
哮又作嘐

吼　吽　噳　啄　唼

吼許后切鬬也又作㖃說文在后部㖃怒聲也亦作呴咆哮鬬吼皆怒号之聲義各如其聲

吽魚厓切犬爭聲東方朔曰狋吽牙者兩犬爭也

噳魚巨切詩云麀鹿噳噳說文曰麌鹿群口相聚皃

啄竹角切鳥食也銳喙者啄又竹救切

唼七接切鳧鴈唼食漢書曰唼血而盟師古曰小歃也所甲切

嘶　呦　喓　嚶　喈

嘶先亝切聲長而殺也馬鳴蟬鳴其聲多

嘶漢書王莽大聲而嘶悲者聲亦嘶别作𧬊

呦於求切鳴聲也詩云呦呦鹿鳴或作嚘

喓伊消切鳴聲也詩云喓喓艸蟲

嚶烏莖切鳴聲也詩云鳥鳴嚶嚶

喈居諧切鳴聲也詩云雞鳴喈喈又古奚

切

⿰口賚　唳　嘒　嘵

⿰口賚憐開切⿰口賚唳鳴聲高亮也鴻鴈⿰口賚唳

唳郎計切長鳴高亮也鶴鳴曰唳

嘒呼惠切小口鳴聲也詩云鳴蜩嘒嘒又曰嘒嘒管聲又曰嘒彼小曐曐光熠熠如

喙翕張也

嘵馨幺切悲鳴不輟聲也詩云風雨所漂摇予維音嘵嘵

啅 噞 喁 周

啅 陟教竹角二切鳥雀鳴聲一曰衆口皃

噞 魚檢切魚翕水也

喁 魚巨切魚口開翕喁喁也又魚容切口之疑

周 職畱切說文曰密也从用从口𠬪古文於書傳爲周回之義記曰周還中規故又爲周帀彌密之義傳曰忠信爲周又曰㠯周事子因之爲

周遍詩云寘彼周行語曰君子周而不比孟子曰周于利者凶年不能殺周于悳者邪世不能亂又因之爲周給語曰君子周急不繼富別作賙有周氏邑爲氏

知

𣉻陟離切說文知在矢部詞也从口从知又𥏼在白部識詞也从白从亏从知𥏼古文孫氏知義切按知心有識也从口未詳矣聲知之之謂知否聲別作智𥏼

古　嘏

古公戶切，徃古也。說文曰：从十口，識前言者也。𠖠，古文。

古之龤聲

嘏古雅切。說文曰：大遠也。祝致鬼神之詞曰嘏。記曰：祝以孝告，嘏以慈告。嘏，致福也。故因爲福。詩云：俾緝熙于純嘏。曰：天錫公純嘏。鄭氏曰：受福爲嘏。又云：純嘏爾常矣。毛、鄭皆曰：大。非也。

吉　咸　各　嗌

吉居質切禓善也說文曰善也从士口

咸胡監切書傳之用咸猶皆也又爲感易曰咸感也說文曰皆也悉也从口从戌戌悉也

各古洛切別也說文曰異詞也从夂夂者有行而止之不相聽也

嗌湯臥切說文曰嗌聲按嗌於聲口液也不齰又吐外切或作涶

散吐㳄液因謂之嗌記曰讓食不嗌傳曰不顧而嗌

只

只諸氏切說文曰語已詞也象气下引之形詩云樂只君子又曰母也天只不諒人只皆詞助

只之龤聲

䡅

䡅呼形切說文曰聲也讀若馨按吳越語寍馨猶言如許生許生之合爲馨晉人僭用馨字

牙

牙五加切牡齒也上象其齟齬相入下象其根鐕[illegible]古文古文因之爲萌牙之牙別作芽又吾聲

輪人爲輪下規謂之牙考工記曰牙也者已爲固抱也

牙之⿰齒皆聲

⿰牙奇

去奇切說文曰武牙也鼂說之曰顧野王曰虎牙也蓋唐人諱虎改之

按⿰牙奇蓋牙之巨者武虎言其壯也

⿰牙區

區主切牙蠹也或作齲⿰齒巨从齒非齒未嘗蠹也

牚

直庚切又去聲楔入也亦距也又丑庚

切牚張之也亦作𣥺說文曰歫也考工記曰維角𣥺之鄭司農曰讀若牚距之牚按牚𣥺止一字或从牙或从止从足其義一也別作振撑摚撐

冄

𦓐如琰切說文曰毛冄冄也象形按漢書元龜歫冄孟康曰冄甲緣也荏冄謂其冄冄弱也詩云荏冄柔木別作苒

孫奎謹校

六書故第十一

00080

[redacted]

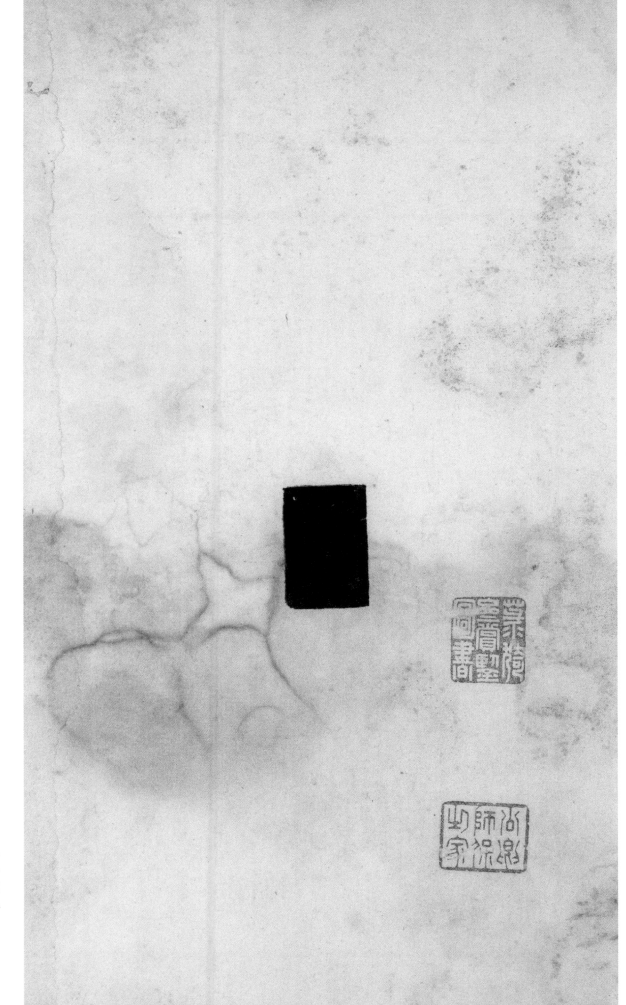

六書故弟十二

永嘉戴　侗

人五

亢

亢[seal form] 胡郎切頸當喉處也象形說文曰人頸也从大省象形别作伉伉頏吭䲳[illegible]說文曰伉人名引論語有陳伉按陳伉字禽凡禽者必先扼其亢也又揚雄賦負頡而鳥盻頸項彊直爲亢苦浪切傳曰不能亢身焉能亢宗用此義也因之爲高亢易曰

亢龍有悔詩云高門有亢之類是也埶相彀爲亢麗又作伉儷不相下爲亢衡別作抗天高晴爲亢旱別作炕又古郎切東方之宿又縣有亢父

彡

彡所銜切長毛彡彡也象形又思廉切漢有函芟彡姐

彡之會意

髟

髟必幽必彪二切又所銜所減二切彡之長者也

髟之諧聲

髮　鬢　鬣　髯

髮方伐切頭毛也說文曰𩑛古文或作頻

鬢必刃切額旁髮也

鬣良涉切頰旁長毛也傳曰使長鬣者相馬領毛亦謂之鬣豕亦有鬣記曰豕曰剛鬣說文曰髮鬣鬣鬣也或作擸獵儠說文儠長壯儠儠也引春秋傳曰長儠者相

髯汝鹽切鬚也又作⿱須冉䫇

鬌　髦

𩯭吐火切記曰子生三月之末擇日翦髮爲鬌男角女羈否則男𠂇女又鄭氏曰夾囟曰角午達曰羈說文曰鬌髮隋也李陽冰本曰隋墮也隋削肉也侗謂鬌兒始𦨖髮留夾囟之髮爲鬌也夾囟兩存如角謂之角偏存其一爲羈今俗關嬰兒猶尒說文葢已爲落髮　又髮鬌見髮下

𩬫謨袍切長髮至眉也詩云髧彼兩髦内則曰子事父母笄緫拂髦未冠笄者

拂髦緌角士喪禮曰旣殯說髦記曰親沒不髦鄭氏曰髦㠯髮爲之象幼者鬌其制未聞蓋人子之飾故親沒不髦士之長寸者因謂之髦猶言毫也詩云烝我髦士髦士攸宜爾雅㠯髦士爲官非也士乙囟南夷牛有長毛者謂之髦牛或作犛非又作

髳迷浮切牧誓曰及庸蜀羌髳詩云如蠻如髦我是用憂孔氏曰髳在巴蜀說文髳髮至眉也引詩云

紞彼兩⿱髟敄或作髳按詩髦與浮流憂劮則固有髳音觀說文所引可見矣戎夷多被髮

髫　鬋　鬑　髻

髫田聊切說文新附曰小兒垂結也俗或作齠

鬋子淺切說文曰女鬢垂皃記曰大夫士去國不蚤鬋鄭氏曰鬋鬋鬢也楚詞曰盛鬋不同

鬑離鹽切說文曰鬋也按今人有鬑簾覆額寡髮者用之蓋髦之類

髻古詣切又吉屑切結髮也通作結亦

髽　鬠

大司三十七

作紒士冠禮曰將冠者采衣紒鄭氏曰古文紒爲結陸氏曰音計又作髻說文曰先結也孫氏古拜切

鬠古活古外二切括髮也士喪禮鬠用組鬠笄用桑鄭氏曰古文作括罍氏音膾又戶外切說文無髻鬠二字徐鉉曰古通用結字按髻結括同聲古無髻鬠二字單作結括鬠亦通作會莊周曰會撮指天說文又有髻潔髮也

髽莊華切露髻也喪服女子髽衰弔則

云

髢

不鬊記曰男子冠而婦人笄男子免而婦人鬊鄭氏曰去纚而紒曰鬊

髢大計切束他髮㠯飾髻也寡髮者必用之詩云鬒髮如雲不屑髢也蓋髮稠美不假髢㠯增飾也記曰斂髮毋髢鄭氏曰髲也毋垂餘如髲也傳曰衛莊公見己氏之妻髮美髡之㠯爲呂姜髢莊子曰禿而施

髲　鬟

髢別作鬄非說文鬄髲也或作髢髲鬄也鄭氏釋禮被錫衣曰被錫讀爲髲鬄古者或剔賤者刑者之髮㠯被婦人之紒因名髲鬄此說非錫衣乃衣之名被則髢也

髲平義切髢也按古單作被編他髮㠯被髢也詩云被之童童饋食禮主婦被錫衣

鬟戶關切綰髮般環也說文新附曰緫髮也古婦人首

髾　鬛　鬖　髿　𩭹

飾琢玉爲兩環髻鬟二字後人所加按兩環之說傅會說文有䰉字臥結也䰉鬟卽般環也

髾師交切相如賦曰曳彗星已爲髾張揖曰燕尾也類篇曰髮末也亦作梢類篇曰桎栖梳也

鬛盧甘切鬖師咸切髿師加切說文曰鬛髮長也鬛鬖鬖髿皆髮衆散皃義各如其聲

𩭹鄔果切𩭹髾髻鬟鬆慢皃義如其聲

鬆　髧　鬅　鬙　髣　髴

鬆穌叢切鬊髮輕浮皃亦作鬆

髧都感徒感二切詩云髧彼兩髦類篇曰髧从皃

鬅蒲登切鬙慈登切鬅鬙髮㪚亂皃義如其聲

髣甫网切亦作仿又作俩眪彷昉髴甫勿切又叓未切亦作佛又作佛髣髴有所㟭蔽仿

大日十七

云

鬤　髢

象其略也

鬤如陽切又尼庚切鬆𣏌亂卷起皃楚詞曰被鬆鬤只

髢他計切鬎鬆也又作鬄說文曰鬀鬄鬆也小人曰髡小兒曰鬀盡及身毛曰鬄鬄鬀鬆也徐鉉曰今俗作剃非孫氏他歷切亦作

鬄說文鬆也孫氏先彳切又大計切士喪禮特豚亖鬄

右蹄鄭氏曰鬄解也亖解之𩨨肩髀也陸氏他歷切按鄭康成㠯被錫爲

髡　鬝　鬊　鬉

髮鬄鬎鬀鬄剃其實一字而二音

髡苦昆切秃削也亦作髨說文曰兀聲或从元按兀非聲从兀聲為正

鬝苦閑切說文曰鬢禿也

鬊詳倫舒閏二切落髮也士喪禮鬊蚤

埋亏坎說文曰鬌髮也鬌髮隋也

鬉祖叢切馬鬣之勁者又作鬃騣

彡　形　修　彬

彡之龤聲

㐱之忍切稠密也人聲又作鬒詩云鬒髮如云說文曰稠髮也引詩㐱髮如云

形戶經切仿象也

修息流切飾也古僭用脩

彬補巾切文笑也語曰文質彬彬然後君子說文份从人文質備也古作彬从彡徐鍇曰俗作斌非叔重文質備之說葢傳

會孔子之言

彧　彫　彯

彧乙六切又雨遹切茂美皃也詩云黍稷彧彧古通作郁語曰周監於二代郁郁乎文哉别作戫

彫都僚切刻琢已爲飾也通作雕

彯匹妙切類篇畫飾也

彡之疑

弱　㣎　𠦬

弱而勺切 說文曰橈也上象橈曲彡象毛氂橈弱也弱物幷故从二𢏚

經傳之用其義爲柔弱

㣎莫卜切 說文曰細文也㡀省聲侗謂當讀莫北切乃與㡀協

𠦬子亦切背脊也又作脊 說文𠦬背呂也象脅肋形讀若乖唐本作𡘋从大脊背呂也从𠦬从肉李陽冰曰𠦬背心也手足之所不及故謂之𠦬𠦬千背文㐺肉文按𠦬脊實一字中象脊骨㐺象兩旁肉𠦬毌肉中也後人加肉猶雲靁之加雨也李陽冰之說旻之但从許氏之讀故未免曲爲手足不能及之說乖離之乖、个經傳古

今未嘗有用𠦬字者明與膂實一字也借爲局膂之膂别作跼蹐

吕

吕力与切說文曰膂骨也象膂骨聯節形亦通作旅詩云旅力方剛俗作膂三岳之後姜姓吕吕爲氏申吕是也

𦥑

𦥑象脊肋說文𦥑叉手也从𠂎彐孫氏居玉切𠂎卽爪彐从反爪孫氏音掌兩手相向匊持之象合而爲𦥑要申之類皆从𦥑按爪本鳥爪非兩手所取義說文誤合𦥑𦥑爲一字吕要與申考之𦥑本象脊肋其聲闕

申

𦥔之象形

舒神切象脅背之申屈申之義也昌繆

篆文說文曰神也七月会气成體自申束也从𦥔自持也吏𠂤餔昔聴事申旦政也按許氏之說曲而不通別作伸僭爲十二辰申亓之申

又僭爲重申之申易曰重巽𠂤申命書曰

天其申命用休史記曰三令五申

申之會意

曳　臾

曳吕制切行曳足也記曰鼓肯曳踵傳曰輿曳柴而从之又吕洩切别作拽

臾弋須切少愒也从反曳罷極而少愒之義也燕禮曰請吾子之與寡君須臾焉說文曰束縛捽抴爲臾从申从乙按臾無束縛捽抴之義从乙亦非聲義又尹竦切从臾獎勸之也

申之諧聲

暢　朄

暢丑亮切條達叀暢也孟子曰艸木暢茂詩云文茵暢轂易曰美在其中而暢於亖攴申之疑

朄孫氏羊晉切周官下管播樂器令奏鼓朄又曰小樂事鼓朄鄭司農曰小鼓也擊小鼓爲大鼓先引讀爲道引之引康成引詩曰應朄縣鼓

要

臼之諧聲

[篆]於遙切腰膂之交也交省聲說文曰象人要自臼之形从臼交省聲[篆]古文俗作腰要居身之中軀幹之要會帶裳所束也故引之爲要約要束又引之則操其急與要之中道皆曰要又引之則要其兒要其成之類皆是也操旻其緫統曰要於妙切周官辨百官之職一曰正

小三十五

掌官灋㠯治要又曰日入其成月入其要月冬則令群吏正月要易曰其要無咎傳曰握兵之要書契要約之所徵因謂之要𠂇氏傳王叔與伯輿合要

肉

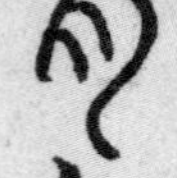如六切象形又如又切樂記曰寬裕肉好康成曰肉肥也又曰廉肉節奏康成曰廉肉鴻殺也按環璧有肉好肉倍好曰璧好倍肉曰環好其空也肉

其玉也故肉與廉數而鄭氏呂肥與鴻釋之

肉之象形

骨古忽切說文曰肉之覈也

骨之指事

冎古瓦切剔肉存骨也从骨去肉别作剮

歺五割切骨之殘也眡骨而殺之說文曰从半冎讀若蘖岸之蘖𣦵古文徐鉉曰歺義不應有一秦刻石文有之侗謂一乃

骨　冎　歺

小五十三

聲也

歺之[齒皆]聲

殘昨干切歺餘也引之為殘賊又作[歺月]說文殘賊也[歺月]禽獸食餘也

殊市朱切體斷也引之則凡不相屬者皆曰殊於是有殊異之義

殛己力切誅擊也

殪　殄　殲　殫　殍　　殃

殪於計切死之速也𡔈古文說文曰死也

殄徒典切滅絕也說文曰盡也𠄒古文

殲子廉切殄之盡也說文曰微盡也

殫都寒切殘之盡也

殍平表切道亾曰殍亦作⿱艹殍又作芆或作莩者⿱艹殍之譌

殃於良切禍也

殰　殈　殟　殤

殰徒谷切胎敗也記曰胎生者不殰康成曰肉敗曰殰字林曰胎敗也別作䐢

殈呼闃切記曰卵生者不殈康成曰列也今坙人語有殈者按殈恐非列

殟烏沒切說文曰胎敗也

殤式陽切未成人而死也喪服曰秊十九至十六爲長殤十五至十二爲

胎　臏　肂

中殤十一至八歲爲下殤不滿八歲爲無服之殤

胎徒亥切危殆也引之則凡幾危者皆曰胎

臏必刃切旣斂未葬而菆塗之曰臏

肂羊至切臏坎也士喪禮掘肂見衽康成曰埋棺之坎也

⿰月旬　⿰月直　⿰月臭　肎

⿰月旬侶俊切召人从能也

⿰月直常職切說文脂膏久而⿰月直也僭爲

埶⿰月直蕃⿰月直之⿰月直書云不⿰月直貨利

⿰月臭尺救切腐气也

冎苦等切骨肉之腠也从骨省莊周曰

技經肎綮之未嘗說文曰骨肉間肎肎著也一曰骨無肉也

一曰从肉象形冎古文字林口乃切著骨肉也俗作肯僭爲肎可

骼　骸　體

之肎肎與可聲義通
骨之𩩲聲

體體天禮切軀幹支節之通名也說文曰緫十二屬也

骸骸何皆切骨之合名傳曰析骸己爨漢書父子纍骸中野

骼骼剛鶴各額歷各三切骨也月令曰掩

髑髏髆　髃

骼埋胔與膞胳之胳互

髑徒谷切髏郎矦切說具頭顱下

髆補各切說文曰肩甲也俗㠯短袂衫爲髆謂才足㠯護膊也别作褸髀亦或謂之髆亦通作膊

髃元俱五婁五公三切肩隅也字林曰肩耑兩乳骨也又作腢喪禮卽牀而奠當腢

髃　骬　骭　髖　髀

髃許竭切骬雲俱切靈樞經曰髃骬㠯下至天樞心岐骨也長八寸人有有髃骬者有無髃骬者

骭居案矦旰二切脛幹也許氏曰膝㠯下脛㠯上

髖枯昆苦官二切髕骨也別作臗捜雅曰尻也

髀部弭切股本也士喪禮髀不升康成曰近竅也古文別作髀髍

髕　髁　骹

髕蒲忍切說文厀端蓋骨也又作臏孫子臏斷足之刑亦謂之臏伯曰剔去髕骨使不㝵行刖之類也

髁口禾切厀端骨也說文曰髀骨也按今人㠯厀端爲髁踵兩旁圜骨爲踝

骹丘交苦教二切脛近足者也考工記曰三分其股囗去一㠯爲骹囗别作骹跤蹻又

影鈔元刊本六書故

大日卅四

髓　骴

居爻切

髓選委切說文曰骨中脂也又作髓素問曰髓骨之充也漢書作髓

骴資三切骨之有肉者曰骴周官蜡氏掌除骴通作胔月令曰掩骼埋胔康成曰骨枯曰骼肉腐曰骴又作髊呂氏春秋曰掩骼霾髊又曰澤及髊骨說文曰鳥獸殘骨曰骴骴可惡也

骯 髒 骾 髇 髍

骯口朗切髒子朗切類篇曰體胖也趙壹曰伺厺皃

骾古杏切骨畱咽也

髇虛交切又作䯌髐司馬貞曰應劭云鳴鏑髐箭也伺謂髇當作嗃響箭也蒼梧王㠯骲箭弢蕭道成腰通監釋文作濩巧切末肰又馨幺苦𡋨二切莊子見空髑髏髐肰有形

髍倉波切說文曰㾏病也班固傳曰幺髍不及

骫　骳　胃　肩

數子鄭氏曰音麼小也晉灼曰此骨偏髍之髍也顏師古曰鄭音說是也

骫鄔毀切骳部靡切漢書曰其文骫骳說文曰骨耑骫㚖也師古曰骫古委字猶言屈曲也類篇曰骳脛曲也

胃云貴切水穀之府也上圖象形一曰从

米胃重二斤十三兩盛穀二斗水一斗五升爲水穀之海

肩激賢切臂本曰肩

肉之會意

胖 ⿱林月 肰

胖[篆]普半切。牲半解也。少牢饋食禮升竿又曰胖。與片判通。說文曰：半體肉也。周官内饔共脩刑膴胖。康成曰：胖如脯而膴。非也。記曰：鵠鴞胖。康成曰：脅側薄肉。亦非也。

⿱林月[篆]三旦切。肉之米肰分㪚者也。說文曰：㪚，襍肉也。㪚聲。侗謂當从肉，从林，林亦聲。

肰[篆]仁僊切。犬肉之合名。

胎
膚

肉之諧聲

胎他來切淮南子曰三月而胎

膚風無切皮肉也素問論刺病淺深曰病有在毫毛腠理者有在皮膚者有在肌肉者有在衇在筋者古者膚自爲鼎饋食禮雝人倫膚九實亐一鼎士虞禮曰膚祭三取諸左膉凡爲俎者先骨而後膚然少牢

禮家有膚而竿無膚豕膚膚厚可別故異鼎饋食禮膚九而俎橫載革順㠯此可見膚㠯皮名而肉亦傅之也易曰噬膚滅鼻謂其肥厚可㠯大嚼也說文臚皮也又作膚籀文引之爲膚厚之義詩云公孫碩膚又曰殷士膚敏毛氏曰美也曰㠯奏膚公毛氏曰大也

肌

肌居夷切說文曰肉也

脰

臚

胡

脰徒透切項下當喉者

臚陵乎切喉也晉語曰風聽臚言於市漢有大鴻臚謂其臚鴻大能傳賓命令也莊子曰大儒臚傳

胡戶孤切喉也漢書金日磾捽胡投何羅殿下晉灼曰胡頸也詳見喉下半領下垂亦謂之胡狼亦有胡詩云狼犮其胡又假借與何

臉 ⿰月幾 膉

遐通用詩云胡不萬年遐不眉耇皆通爲何也詩云降尒遐福士冠禮曰永受胡福皆通爲遠也胡何遐同聲

臉居掩切目下頰上也又作瞼

⿰月幾居希切說文曰頰肉也

膉伊昔切士虞禮膚祭三取諸左膉上又曰用專膚爲折俎取諸脰膉康成曰古文脰膉爲頭嗌

膺　臆

脰肉也按禮取膚於乡膉不旻便呂膉爲
肉曰取諸脰膉不旻便呂膉爲脰鄭蓋誤
呂膉爲嗌尒一
曰豕伏欂也

膺於陵切當匈骨也中庸曰拳拳服膺引
之爲膺當之義詩云戎狄是膺與應通

臆乙力切說文曰匈骨也伯氏曰匈峻骨
也又作肊古通作意賈誼服賦好惡積意朱邑
傳曰匈臆約結俗
亦用爲億料之億

背　脢　夤

背補妹切身之陰也

脢莫回切易曰咸其脢說文曰背肉也王弼說心之上口之下此不過吕易文臆說也脄與脢通記曰取牛羊麋鹿麕之肉必脄康成曰脊側肉也楚辭曰敦脄血拇朱子曰脄一作脢背也

夤夷眞切說文曰夾脊肉也易曰艮其限削其夤別作夤⿰月寅⿰月引說文夤从夕敬惕也引易夕惕若夤夤籀文王弼曰當

脅　肋　膻

膂肉也按脅从肉从夕者譌也

脅虛業切亦下橫骨也牲體脅爲代脅中爲長脅後爲短脅引之則爲迫脅恐脅之義

肋盧悳切脅骨也

膻注亶切繫問曰膻中者臣使之官王冰曰在匈中兩乳閒朱肱曰心之下有鬲膜與膂脅周回相著遮蔽濁氣所謂膻中

胉　胠　肑

胉伯各切鼂氏有百魄二音士喪禮載兩髀亏兩端兩肩亞兩胉亞脊胁在於中康成曰今文胉爲迫脅也說文髆肩甲也或作胉

胠丘居切又起業切說文曰亦下也左氏傳亝莊公伐晉兵有啟有胠杜元凱曰又翼曰胠莊子曰胠篋探囊之盜司馬彪曰从旁開爲胠一云發也

肑丁　切素問曰冬衇不及令人肑中清

䐡　脖　胦　腹　肚

王冰云胁在季脅下俠脅兩旁虚軟処腎外當胁

䐡歬西切子生所繫包斷之爲䐡俗作臍又謂之

脖胦

脖蒲沒切胦於良切脖胦䐡也又膃脖肥盛充塞皃

腹方六切身當䐡爲腹歬腹而後要

肚動五切又董五切俗㠯名腹因㠯名胃

大日十六

周

膘　脽　𦞽

膘鋪紹切 陸氏毗小扶了二切 說文曰牛脅後髀前合革肉也

脽示隹切尻骨也 說文曰尻也 史記漢武始立后土祠汾陰脽上 蘇林音誰如淳曰河之東岸特𠂤堀長三四五里廣二里餘高十餘丈汾陰縣在其上祠在縣西漢書舊儀作葵上司馬氏曰河東呼誰與葵同

𦞽徒渾切髖也又作臀 說文𡱂髀也从尸下丌居几或作𦞽

肛　胛　臂　肘

又作臂當作髀臂

肛　胡公切大腸端肛門也又胡江切胮肛義見胮下

胛　古狎切肩甲也說文單作甲

臂　卑義切肩之下爲臂

肘　陟柳切說文臂節也說文从肉从寸寸者手寸口也按取在尺上从寸無義乃又聲也又之譌爲寸者不一守取酘皆㠯又爲聲弢从又持弓

臑　腳　股

矣奪从又从奪皆譌爲寸又作胆

臑（篆）奴刀奴到二切肞下曰臑禮俎載脊脅肩臂臑膊胳康成曰凡牲歬脛骨三肩臂臑也後脛骨二膊胳也又汝朱切類篇曰𠂇骨也一曰衣名襦者本取臑義又見胹下

腳（篆）毄酌切說文脛也靈樞項背要尻膕臑腳自上言之肰則腳足止也今俗爲股脛踵之通稱非

股（篆）公戶切髀下厀上爲股說文曰殳聲又作骰

胯　膕　脛　胻

胯苦故苦化二切㯄雅曰奎也奎兩髀閒又見跨下

又作骻

膕古獲切𨙵後曲節中也荀子曰詘要撓

膕

脛形定下頂二切伯曰𨙵下也語曰吕丈叩其脛又作踁沓秋傳魯有梁其踁又作䯒

胻戶更切脛耑骨也說文曰脛端也又呑聲

腓　　　腨

腓筏非切脛後肉腓腸也易曰艮其腓不拯其隨詩云三牡騤騤君子所宐小人所腓言小人卒徒隨車如腓也又曰屮竿腓字之嬰兒不能跂乳屮竿俛傴而乳字之在其腓閒故曰腓字又爲病詩云秋日淒淒百卉具腓毛氏曰病也疑與痱通

腨腨市沇切腓也別作踹

腿

膞

腿吐猥切脛股後肉也今俗謂股大腿腓小腿又作骽

膞辻官切又辻渾切饋食禮升羊豕肩臂臑膞胳蓋髀下為膞猶肩足之臂膞下為胳猶肩足之臑也說文曰切肉也孫氏市沇切鼂氏音純通亦作肫鄉歓酒禮士虞禮特牲禮皆作肫肫注則曰後脛骨二膞胳也蓋注胥猶未舛誤考工記旊人器中膞膞崇三尺方三寸康成曰讀如輇

大、十二

六書故十二

十六

旣㧞泥而轉其均㪘腨其側㠯擬度端其器也高於此則垺墡回不能相勝㕞於此則火气不交因取式焉

胳

胳剛鶴轄格二切腨之下爲胳說具腨下說文胳亦下也按腨胳之名見於禮特牲饋食禮作胳少牢禮作骼當㠯胳爲正

膕

膕渠隕切綮問曰脫肉破膕王冰曰謂膕郄後肉如塊者一說膢中胎也

腱

腱渠建切說文曰筋本也䏙之上肉䩞而

胏　肝　膽

切之筋肉相關成文俗謂之弩臤腱楚辭曰肥牛之腱臑若芳說文作笏从筋夗省聲腱籀文

胏方吠切金藏也主气朩聲重三斤三兩六葉兩耳主藏魄別作胇

肝居寒切木藏也主血重亖斤亖兩乂三葉又亖葉主藏魂

膽都敢切肝之府也在肝之短葉閒重三兩三銖盛精汁三合

大、十七

脾　腎　肓　脘

符支切土藏也重二斤三兩扁廣三寸長五寸有散膏半斤象馬蹄內包胃脘意之舍

是忍切水藏也腎有二重一斤一兩主藏志形如豇係幅雙切古豆相丝而曲附於呂筋外有脂裹表白裏黑主藏精

呼光切心上鬲下也

古卵切胃之上屬於咽受水穀者曰脘本作管伯曰𡍓上有上中下三脘别作脘脘

腸　脬　胰

腸直良切素問大腸者傳道之官小腸者受盛之官注傳道謂傳不潔之道受盛謂受盛糟粕受巳變化傳入大腸千金方小腸長二丈三尺十六曲大腸長一丈二尺十二曲各容水穀一斗二升

脬披交切旁光也重九兩二銖从廣九寸盛溺九升九合或作胞旁光俗作膀胱說文有膀無胱淮南子曰旁光不升俎胞說文見生裹也

又見包下

大九十九

胰盈之切類篇曰豕脾息肉按今俗㠯此呼脾胎脾字

臅　肫　膍　胵

之別也

臅如玉切記曰小切狼臅膏康成曰臆中膏也

肫章倫切說文面頯也又鳥胃爲肫又與膞譌說見膞下中庸曰肫肫其仁

膍頻脂切說文曰牛百葉也一曰鳥膍胵按牛百葉周禮所謂脾析詩云福祿膍之毛氏曰厚也韓詩作肶

胵稱脂切膍胵鳥胃也一曰五藏緼名

胘　膜　𦢊　腠

胘胡千切胃之厚肉今人謂牛胃之厚者曰胘又取其佀曰袍領說文吕爲牛百葉服虔曰有角曰胘無角曰肚皆非

膜模各切肉閒莀莫也說文曰肉閒胲膜也古單作莫康成注禮記皮肉上䰟莫

𦢊而勺切說文曰肉表革裏也

腠千候切鄉㱃禮脊脅臂膞胳肺皆進腠康成曰腠理也謂肎其本亦單作奏公食大夫禮載體

脂
膏

進奏康成曰奏謂皮膚之理也士喪禮骿胉膋脉皆覆進氐康成曰氐本也進本者未異於生也骨有本末按氐者體之所本腠者𠂢理之所湊腠乃近於末也淮南子曰解必中揍與湊通謂肉理分際也

脂烝夷切肥澤曰膏堅凝曰脂

膏居勞切脂類也伯曰肪也考工記曰脂者膏者吕爲牲說文曰戴角者脂無角者膏康成曰脂牛羊屬膏豕

膟腴肪

屬又任身一月始衃二月始膏又爲膏肓

吕膏澤物謂之膏右聲充之則凡物之有

膏潤者皆曰膏記曰脂膏吕膏之詩云会

雨膏之

肪 筏方切又分房切脂膏之厚者也

腴 容朱切說文曰腹肥也

膟 吕戌切記曰取膟膋燔燎康成曰膟腸閒脂也說文

膋

膩

佐四十

作膟血祭肉也或从率

膋憐蕭郎刀二切詩云取其血膋又作膫說文膫牛腸脂也或作膋勞省聲記曰肝膋取狗肝冡之㠯其膋濡炙之舉燋其膋然則膋腸胃外冥脂也今謂之网脂

膩女利切脂凝著也說文上肥也故又爲細膩精密之義

肥　腯　臕　腲腇膃肭臞

肥 符非切肌肉充盛多脂膏也說文肥多肉也从卪徐鉉曰肉不可過多故从卪按徐氏之說尤鑿而近肥妃皆㠯己爲聲

腯 佗沒切充肤也別作腞䐇又杜本切

臕 悲嬌切肥盛也

腲 烏賄切腇吐猥切腲腇肥皃

膃 烏沒切肭奴骨切膃肭肥耎也

臞 其俱切說文曰少肉也又作癯

朘　腫　䐜

朘遵全切肉消縮也漢書曰曰削月朘孟康曰音揎謂轉寠䠞也蘇林音鐫俗謂縮朒爲朘縮

腫主勇切膚肉浮滿也素問曰熱勝則腫伯曰气與水在皮膚中及金刃顛撲𡿺瘍皆腫

䐜稱人切張急也音義與瞋同怒目曰瞋邪气張肉曰䐜

脹　脹知亮切肉張起也古通作張傳曰張脈奮興又將食張如廁

胖　胖匹降切腫張皃也

胮　胮皮江切胮肛虛張也

服　服扶仮切腫也

膇　膇馳僞切足腫下重也傳曰有沈溺重膇之疾

胼　胝　膣　⿱既月　胗

胼蒲眠切莊子曰手足胼胝顧氏曰皮厚也

胝張尼切皮肉生繭不仁也素問多食酸則肉胝䐢顧氏曰䐢脯也側究切

膣朱乘切說文曰瘢胝也又直瑞切漢東萊郡有膣縣秦始皇東巡過黃膣

⿱既月古外居代二切轉動而要踠痛也

胗之忍切伯曰風熱相搏赤點發於肌中

肒　腔　臠

按今作㾓說文曰脣瘍也㾓籀文

[篆]亐尢切贅肉也亦作疣䟴籀文

[篆]枯江切說文內空也類篇曰骨體曰腔

[篆]力沇切塊割也說文曰臞也引詩棘人臠臠一曰切肉臠也按呂臞爲義則當音欒顧此特臠割之臠尒又作脟說文曰脅肉也一曰腸閒肥也一曰膋也孫氏力輟切子虛賦曰脟割輪焠郭景純曰膊也音臠按說文呂爲腸閒肥又曰膋也則此卽膟也子虛賦言之則臠也

胾　胏　肴　脀

胾側吏切臠肉也說文曰大臠也亦作胔記曰夕肴

又胾

胏阻史切𠂔聲易曰噬乾胏得金矢利艱貞伯曰肉之連筋堅忍者馬氏曰肉之連骨者又作𦙶說文曰食所遺也从肉仕聲引易噬乾𦙶揚雄說从𠂔別作胏

肴胡茅切體解骨折之謂肴別作餚

脀諸仍切鼎俎之實曰脀凡牲高孰體解

骨切而載諸鼎骨折臠割而升之俎者皆曰脀少牢禮豕實于一鼎負管各一鼎卒脀皆設扃鼏鼎入設升于俎卒脀乃薦又司士羞豕脀次賓羞豕燔又獻衆賓其薦脀設于其位其脀體儀也康成曰儀度餘骨可用而用之其先生之脀折脅一膚一其衆儀也古通作烝左氏傳定王享晉士會肴烝謂之曰

膴

王言有體薦宴有折俎公當言卿當宴周語曰禘郊之事則有全烝王公立飫則有房烝親戚宴饗則有肴烝全烝全體也房烝半體也肴烝骨折也故謂之折俎特牲禮亦曰衆賓兄弟內賓宗婦公有司私臣皆肴脅卽謂脅體儀也

膴荒烏切又上聲周官內雝掌共荆膴胖

鄭司農曰刑膴謂夾脊肉或曰骿肉也康成曰膴膴肉大臠也說文曰無骨昔也楊雄說鳥昔也少牢禮司士匕魚加膴祭亏其上康成曰膴讀如殷冔之冔刳魚割其腹㠯爲大臠也又周官朝事之籩膴鮑魚鱐康成曰膴生魚爲大臠又昔人掌脯昔膴胖康成曰乾肉亦有膴也少儀羞濡魚者進尾祭膴按康成說近之膴肥厚大臠也又网甫切詩云周原膴膴毛氏曰美也又曰則無膴仕

膷　臐　膮　臛

毛氏曰厚也詩亦有荒鳥之音小旻曰民雖靡膴或哲或謀鄭氏曰膴瀌也非按膴膴言其地之肥美也膴仕猶言肥仕靡膴猶言不腆也

膷虛良切臐許云切膮馨幺切公食大夫禮膷呂東臐膮說文曰膮豕肉𦡯也康成曰膷臐膮今旹臛也牛曰膷羊曰臐豕曰膮聘禮膷臐膮蓋陪牛羊豕

臛忽各切又作臛說文曰肉𦡯也

膝　膾　脞　膗

膝孫氏直㮛切類篇質涉切說文曰薄切肉也或作䐑

膾古外切記曰肉腥細者爲膾大者爲軒又曰牛與羊魚之腥聶而切之爲膾別作鱠

脞倉過切書云元首叢脞哉孔氏曰細碎無大略陸氏倉果切一曰切肉

膗匹各切肉切而㬥之也傳曰殺而膗諸城上

脯　脩　朐

脯方巻切肉薄切而乾之爲脯完乾曰笞

脩息流切肉條割而乾之爲脩故脩有長義又借爲繕脩脩飾之脩與修通按經傳脩身脩己脩道脩禮皆借用脩字今人率更曰修字修之義止於修飾脩身脩道非修飾之謂也如修容之類則可用修字耳

朐其居切脯脩之屈中爲朐記曰吕脯脩置者𠂇朐又末說文曰脯也康成曰屈中朐又作⿰月屈

腶　膱

周官庖人凡用禽獻夏行腒鱐士相見禮摯冬用雉夏用腒說文北方謂鳥腊曰腒引傳曰堯如腊舜如腒鄭司農曰腒乾雉康成曰腒鱐暵熱而乾侗謂不然夏暑不可奏新殺故行腒鱐爲常腒鳥獸乾腊也鄭司農緣士相見禮故專㠯爲雉夏用腒乃束脩之類

腶丁毌切捶脯也古單作段記曰棗㮚段脩康成曰捶脯加薑桂也段脩必捶之於石故因㠯𠭁名後人加肉

膱質力切弜禮曰薦脯用籩又膱膱長尺

大九十二

膎 䐑

有二寸康成曰膱猶脡也古文作胾今文或作植聘禮薦脯五膱康成曰膱脯如版然者或謂之脡

膎戶皆切說文曰脯也

䐑乃兮切周官醢人有麋鹿麕䐑康成曰䐑醢也作醢及䐑者必先膊乾其肉而剉之襍以梁麴及鹽漬以美酒塗置甀中百日則成矣鄭司農曰麋䐑麋骭髓醢或曰醬也有骨爲䐑無骨爲醢又作腝說文曰腝有骨醢也或作䐑

胥

胥相居切鹽漬蟹之屬曰胥又詩夜切鄭康成釋周禮好醢曰若青州之蟹胥亦作蝑蜋胥蜋一聲之轉偦義與相同書云不能胥匡以生胥動以浮言胥及逸勤胥相同聲也因之爲皆義詩云民胥然矣又因爲相眡之義詩云于胥斯原聿來胥宇又偦爲胥徒及掌樂之胥周官八職七曰胥掌官敘以治敘又大胥小胥

小五六

掌吕樂教國子康成皆讀爲諝謂有才知之稱侗謂胥吕治敍大胥小胥治學士之敍非才諝也又假爲辭助詩云君子樂胥又曰戾氏燹胥

膳

膳旹戰切凡饌饋之品味皆曰膳周禮膳夫掌食飲膳羞凡王之饋膳用六牲羞用百有二十品珍用八物醬用百有二十罋凡孰亯之食物通謂之膳也

胹　臇　脫

胹乳沇切肉孰而耎也人之切鬻孰也𠂇氏傳宰夫胹熊蹯不孰別作洏腝臑說文胹爛也洏渜也一曰鬻孰也渜渜水也楚辭肥牛之腱臑若芳又曰鼎臑盈望朱子曰音耎孰也

臇祖管切楚辭曰臇鳧煎鴻說文曰臛也讀若纂或作熼朱子曰臛少汁也伯氏曰今人呂濩味少汁鬻不過孰謂之臇

脫吐活切孰肉離其骨也記曰肉曰脫

膠

之說文曰消肉臞也引其義則凡脫解脫離皆曰脫通作說又因之爲輕脫傳曰無禮則脫別作侻

膠加交切煑皮角凝爲膠稠黏可㠯膠物說文曰昵也作之㠯皮引之爲膠加膠葛膠擾之義又詩云雞鳴膠膠取其聲㠯形容雞聲又去聲膠物爲膠又上聲莊子曰膠膠擾擾

兮

腥

腥於角切考工記革欲其柔滑而腥脂之則耎鄭司農曰讀如沾渥之渥謂厚脂之韋革柔耎盇氏音屋疑即渥字

胸

胸尺尹切肊尒軫切肉新割胸肊若動也亾蚓之形肰故亦名胸肊巴郡有胸肊縣蓋土多蚓也或曰胸肊胸譌爲朐也

肊

肙

肙於沿切肉肙肙也𧕍之形肙肙故亦

膣 臊

謂之肙說文曰肙小蟲也別作蜎

膣蘇經切臊蘇遭切又作胜說文犬膏臭也膣星見食豕令肉中生小息肉也臊豕膏臭也或作𦢅凡肉未亯曰膣語曰君賜膣必孰而薦之又臭肉之臭有膣臊月令秋三月其臭膣金之臭也周官夏行腒鱐膳膏臊秋行鹿麛膳膏膣康成曰豕膏臊雞膏膣杜子春曰膏臊犬膏膏膣豕膏也又犬赤股而躁臊豕望眂

腆　腐　胙

而交䐹腥（康成曰腥當爲星肉有如米者似星按鄭說未當凡犬竿之類其臭腥豕臭之類其臭腠臭之爽者腥臊爲甚故狗之㮇股而躁者臊多豕之望眂而交睫者腥多也）

腆他典切豐厚也（康成曰善也說文設膳腆腆多也）［古文］

腐扶甫切肉壞爛也

胙昨誤切周官凡王祭賓客食則徹王之胙俎（此胙當作阼謂主人之俎也）傳曰天子有事亏文

胏

隋

武使孔賜伯舅胙說文曰祭福肉也胙神所亯餘肉也故引之則錫福爲胙故分土錫福因謂之胙傳曰胙之土而命之氏別作祚

胏渠希切少牢饋食禮升心舌載于胏俎郊特牲曰胏之爲言敬也康成曰事尸尚心舌心舌知食味

隋他果徒果許規三切說文曰裂肉也周官小祝贊隋守祧既祭則藏其隋康成曰隋尸所祭肺脊黍稷之

蜀藏之吕依神陸氏許恚切非其聲也

士虞禮祝命左食墮祭左食取黍稷肺祭授尸尸祭之康成曰下祭曰墮墮之言猶言墮下也

特牲禮祝命挼祭㒸鲁之閒謂祭曰墮

尸少執觶又取菹擩于醢祭于豆閒左食取黍稷肺祭授尸尸祭之康成曰挼與墮同讀

又曰主人受角左食授妥祭康成曰妥當爲挼

又少牢禮曰上左食取黍稷肺吕綏祭康成曰綏或作挼讀

脤 臘

爲墮按禮之墮妥挼綏皆一字之譌當㠯隋爲正

脤是忍切祭肉肦曰脤旾秋天王使石尚來歸脤

臘力盇切癸祭名傳曰虞不臘矣自漢㠯來皆癸至三挾日之後臘祭百神用國家五運之墓若火悳㠯戌水悳㠯辰也

膢

膢郎𠫤龍珠二切漢㠯立秋日祭獸因出獵還祭宗廟名貙膢說文曰楚俗㠯二月祭飲食也一曰祈穀食新曰離膢

肖

肖先弔切骨肉種類相肖也別作俏又思邀切

脧

脧子公切商書有三脧孔氏曰國名今定陶也

肸

肸許訖切說文唐本曰脤肸也从肉从八徐本曰振肸也八聲

脃　𦟝　筋

肉之疑

脃此芮切說文小耎易斷也从肉从絕省又作膬耎易破也孫氏七絕切按荀子小敵毳史記旦夕𥄎曰毳僧用毳字又作脺類篇小耎易斷也考工記角脃故欲其柔也漢刑灋志曰事小敵脃

𦟝說文曰或曰嘼名象形闕孫氏郎杲切

筋居銀切說文曰肉之力也从力从竹竹物之多筋者按今用

爲筋骨之筋

筋之𩩲聲

䈥北角切說文曰手足指節鳴也

孫逢謹校

六書故弟十二

六書故弟十三

永嘉戴侗

人六

心

心息林切人有五藏火藏曰心神明之舍一身之主宰也素問曰心者君主之官神明出焉象形凡動物必有心有心則有知而莫知於人心天地之悳具焉孟子曰志气之帥也

天㠯气覆乎上地㠯形載乎下人厽乎其中獨㠯心知故人者天地之心而气之帥也能盡其心則可㠯與天地參與天地參則可㠯爲天地萬物之主宰矣斷之謂大人均是人也或爲大人焉或爲小人焉心有操舍存亾也是心之神運動不居俛仰之閒周流六虛操之則存舍之則亾是心茍存動鮮不中是

心茍亾動网不忒故帝𡕜曰人心惟危道心
惟微孔子曰操則存舍則亾出入無旹莫知
其鄉自釋氏之說興㠯空宗爲心於是有心
無内外出入之說舍其主宰之精而求諸虛
宗浩大之域治心者惑焉夫心居百體之中
其形内而不外心之神明則有出入矣學問
之道無他存其心而已矣伯曰五藏肝開竅

於目腎開竅於耳肺開竅於鼻脾開竅於口
惟心無竅心之出入也㠯神易曰神也者妙
萬物而爲言者也唯神也故不疾而速不行
而至人之所㠯爲萬物之靈者是心之神也
引之則㠯形而言凡函畜於中者皆謂之心
艸木𠌶朶之心是也別作芯㠯悳而言凡神明
主宰若有心恖者亦謂之心天地鬼神之心

惢

是也

心之象形

惢才縈切艸木𠌶未舒含惢之象縈又作傳曰佩玉縈兮予無所繫之謂佩玉下𠂹如惢也又作蕊蘂說文惢心疑也从三心讀若瑣孫氏才規才縈二切縈𠂹也从惢系聲孫氏如壘切按系非聲乃會意然亦後人所加也

心之龤聲

悳

悳多則切心之良有曰悳人受天地之中㠯生天地之悳具焉謂之明悳仁義禮知悳之大也皋陶之所謂九悳周官司辻之六悳洪範師氏中庸之三悳凡善美皆悳也引之則天地有天地之悳侌昜有侌昜之悳五行有五行之悳鬼神有鬼神之悳小之則龍有龍悳驥有驥悳物有其悳焉

天地之大悳曰生物之始生無不含悳隶乎老諔則悳衰而荆及之故昔之盛悳在木夏之盛悳在火秋之盛悳在金冬之盛悳在水生長爲悳老能爲荆昔夏爲悳秋冬爲荆寬仁慈愛爲悳故悳與荆反忠信篤實爲悳故悳與僞斆旻於天而能實有諸己者然後爲有悳旻於天者同有諸己

性

者異故悳有大有小有厚有薄有弇有順有吉有凶或作德

性息正切命於天固有諸心曰性中庸曰天命之謂性夫人有生則有心有心則有性故性从心生聲仁義禮知信性之悳也㱃食男女性之欲也引而申之凡命於天而成於物者皆有恒性焉木一片而爲会

昜侌昜各一其性分而爲五行五行各一其性㪔而爲萬物萬物各一其性物之稟也偏一受其成能而不可易故木之性曲直其悳也仁火之性炎上其悳也禮金之性从革其悳也義水之性潤下其悳也知五行變𠤎之父母也不相易性況於物乎惟人也㝵天地之中沖侌昜之和聚五行

之秀萬善具焉萬物備焉故成湯之告曰
惟皇上帝降衷于下民若有恆性㦲王曰
惟天地萬物父母惟人萬物之靈盂子曰
民受天地之中㠯生所謂命也所㠯謂人
性善也先人曰鳥獸之生也游者則狎於
水而不溺走者則馳於埜而不蹪然亦於
此而已矣人之生也自孩子不能亦其母

自是㠯進皆學焉而後能之無所不學則
無所不能是人之性也聖人㠯爲人性之
善莫不可學也於是有敎學之道焉夫性
之所無雖敎之免不能故牛可習於耕而
不可敎之使走馬可習於椉而不可敎之
使耕走者不可使飛陸者不可使游性所
無也堯舜之道塗之人皆可學而至焉性

所有也有仁義之性而不能身之者猶有
衣裳而弗能服有貨財而弗能用也非性
罪也故孟子曰人無有不善又曰人皆可
㠯爲堯舜雖然旻其偏者物也而有偏之
幾中者焉故鸚䳇可教㠯言猨玃可教㠯
技螻蟻之君臣鴻鴈之行列其性亦有近
於人者焉旻其中者人也而有中之槩偏

者焉故狼子埜心蜂目豺聲其性亦有近
於禽獸者焉中之暴中者爲上知其次爲
賢知之差其偏者爲愚不肖之差其暴偏
者爲下愚要其凡而言之誠若有分量焉
自其初而言之亦一而已矣雖桀受之暴
檮朱之嚚嚳之曰汝君子也則油然㠯受
矣謂之曰汝小人也則拂然㠯怒矣居其

室出其言善則千里之外應之居其室出
其言不善則千里之外韋之善善惡惡心
之秉彜未嘗異乎人也惟狂克念則聖矣
惟聖罔念則狂矣人一能之己百之人十
能之己千之果能此道矣雖愚必明雖柔
必彊學者何㠯自弃於不可學敎者何㠯
弃之於不可敎故孔子曰有敎無類孟子

曰乃若其情則可㠯爲善矣乃所謂善也若夫爲不善非才之罪也巽語之而弗繹也灋語之而不改也自暴自弃而不受敎有堯舜㠯爲之君爲之父而有丹朱商均焉非敎罪也故孔子曰性相近也習相遠也唯上知與下愚不移夫馬有駑駘而言馬之性者必曰善致遠㞢有罷能羸而言㞢

之性者必曰善引重語常性也孟子曰今夫牟麥播種而耰之其地同樹之旹又同勃然而生至於日至之旹皆孰矣雖有不同則地有肥磽雨露之養人事之不齊也故凡同類者舉相似也何獨至於人而疑之語常性也人受天地之中㠯生有常性者矣㠯下愚之不可以而訾人性之不善

情

者是何異乎吕罷駑而謂牛馬之不能引重致遠哉吕此自謂則不能學吕此謂人則不能斆是吕君子罪之也

情慈盈切欲惡發於本心之謂情記曰喜怒哀愳愛惡欲七者弗學而能謂之人情後之言情者宗焉夫喜怒哀愳愛惡欲七者情之所發而未足吕盡情也好善而惡

惡好生而惡殺好得而惡失好聚而惡散好富貴而惡貧賤有同欲焉有同惡焉是人情也所欲斯愛之矣所惡斯怒之矣得其所欲則喜失其所愛則哀是人情也故觀其所欲惡哀樂而人之情可見矣易曰天地感而萬物化生聖人感人心而天下和平觀其所感而天地萬物之情可見矣

又曰觀其所聚觀其所極而天地萬物之情可見矣發於本心謂之情僞皃矯飾謂之不情故易曰設卦㠯盡情僞魯莊公曰小大之獄雖不能察必㠯情孔子曰上好信則民莫敢不用情曾子曰自吾母而不旻用吾情吾烏乎用吾情孟孫曰勉而爲瘠則吾能毋乃使人疑夫不㠯情居瘠者

兮哉叔孫輒曰魯有名而無情范匄曰吾知子斂匿情兮公竿氏曰是何子之情也孟子曰物之不亝物之情也又曰聲聞過情君子恥之古之言情者蓋如此孟子曰人見其禽獸也而㠯爲未嘗有才焉者是豈人之情也哉乃若其情則可㠯爲譱矣乃所謂譱也謂人性之實未嘗不譱也莊

意

周曰決性命之情而饕富貴言決性命之本眞也性也者天命之固然者也故言性者曰天性情也者人心之同然者也故言情者曰人情

意於記切心之起爲意引之則意料逆想者爲意孔子曰毋意記曰聖人耐吕天下爲一家中國爲一人者非意之也意之之

謂意入聲今作億語曰億則屢中又曰不億不信說文曰意从心从音察言而知意也按許氏之說鑿而不通疑㠯音爲聲否則音聲音譌爲音史記項羽喑噁叱咤漢書作意烏音與意蓋同聲也說文又有𢡃字滿也从心䇂聲䇂快也从言从中孫氏竝於力切按心中之爲快義亦未明外王父曰語曰印與之與抑與之與大戴禮武王問師尚父曰黃帝顓項之道存乎意亦忽不可㝵見與漢書隗囂問班彪曰印者从横之事复起於今乎賈誼賦服乃太息請數㠯意師古曰合韻音億蓋意有印音二字古通用也

憶　忎

憶乙力切系念也俗書

忎職吏切心之所注爲忎書云若弦之有忎先儒多㠯心之所之爲忎蓋誤㠯龤聲爲會意夫心出入無旹無不之也肰非其所祈向指注則不可謂忎忎在焉則不亾故因爲記念之義與識通用又因之爲忎載銘忎别作誌身有亦𦋺子因謂之忎别作[歹忎]艸有遠忎别作莣

大彐五九

玉

念 恖

小六十

念乃玷切心之所存爲念書曰帝念哉念茲在茲

恖息茲切心所紬索也偺爲辭助詩云不可求恖今我來恖之類是也恖有綸緒深長曰恖㕡聲書曰欽明文恖又桑才切詩云其人美且恖傳曰亐恖亐恖杜氏曰偲多須皃爲頬恖之恖也別作顋腮奥頬中鬣亦謂之恖

慮　惟

別作顋

思之龤聲

慮良據切思之所掛曰慮

惟夷隹切思之專也故引之爲專獨之義亦通作唯維書曰惟帝旹克曰惟汝賢詩云維予與女又借爲發語辭書云惟旹楙哉又曰惟茲臣庶詩曰維天之命按鐘鼎

忖想感應

文凡惟皆作叀

忖取本切忖度也詩云他人有心予忖度

之與刌通

想寫兩切心之所仿象爲想

感古窞切心觸於物而動爲感

應於證切有感而應也又去聲說文曰當

也吕言數者因亦曰應别作[illegible][illegible]

態

忠

𢡆他代切情狀也情變乎中而態見乎外楊雄賦曰閨中容競綽約兮相態㠯麗佳

說文曰或作儱

忠陟隆切盡己致至之謂忠語曰為人謀而不忠乎又曰言思忠記曰喪禮忠之至也又曰祀之忠也如見親之所愛如欲色肰又曰瑕不揜瑜瑜不揜瑕忠也傳曰小

大己九十八

小六

大之獄雖不能察必吕情忠之屬也孟子曰自反而仁矣自反而有禮矣其橫逆由是也君子必自反曰我必不忠觀於此數者可吕知忠之義矣反身而誠然後能忠能忠矣然後由己推而達之家國天下其道一也

恕

𢖻商著切推己及物之謂恕己欲立而立

人己欲達而達人施諸己而不願亦勿施諸人恕之道也完是心以往達乎四海矣故孔子曰吾道一以貫之曾子曰夫子之道忠恕而已矣忠也者天下之大本也恕也者天下之達道也又作𢖻說文曰𢖻古文漢兗武謂郅惲著恕己量主蓋內譬諸己因以量主之不及范忠宣公謂以恕己之心恕人亦此說也聖人所謂恕豈曰自恕其短而推以及人乎後世循習因以寬貴爲仁恕失

忱 恂

恕之義矣

忱甞任切誠也

恂須倫切謹信也亦通作洵書曰迪知忱恂亏九悳之行詩云洵美且異又曰亏嗟洵亏曰洵訏且樂洵有情亏皆信也語曰孔子於鄉黨恂恂如也大學曰瑟亏僩亏者恂㮚也加有謹意焉

慤 恪 忳

慤苦角切樸實也

恪客各切虔謹也書云恪慎克孝詩云温共朝夕執事有恪傳曰封胡公亏陳吕葡三恪又作愙說文敬也引傳㠯葡三愙

忳徒渾切心意專積也楚辭曰紛忳忳之願忠又曰中悶瞀之忳忳又曰忳鬱邑余侘傺兮

大曰六十五

悃　愊　悰　悾　愿

悃苦本切中心貇欵也

愊拍偪切誠意偪塞也伯曰悃愊猶衷曲也

悰徂宗切情緒也說文曰樂也

悾枯公切中無所有也語曰悾悾而不信

愿虞怨切樸謹也書曰愿而共樸愿而不共給則無所用之矣語曰侗而不愿

慎　慥　慧　悊

慎音刃切戒謹兢兢也說文曰昚古文

慥七到切中庸曰言顧行行顧言君子胡不慥慥爾康成曰文實皃朱子曰篤實也

慧胡桂切曉解也語曰好行小慧孟子曰雖有知慧不如乘埶曰人之有悳慧術知

悊陟削切明察也漢書曰察父悊兄亦通作哲又作喆嚞說文曰悊敬也班固賦曰聖喆之治按聦哲之悊當从心今書

愜 愔 懕

小四十九

傳多作哲葢僭用嚞哲之哲

愜胡登切常文也說見巠下

愔伊淫切安和也傳曰祈招之愔愔式昭

悥音杜元凱曰安和也

懕煙奚於計二切婉順也又作嫕嫛嫕嬮說文曰嫕靜也

嫛婗也婗五奚切嫛也無懕字埤雅曰懕審也或曰共也靜也類篇曰嫕嫛婉嫕順从

也嬮靜也婉也

愛　慈　恩

愛於代切義不待訓又作㤅又作㤅憠唐本說文曰从心从先从夊旡說之曰古文無从夊者

慈疾之切憐愛也幼者人之所慈大學曰爲人父止於慈慈竹竹之叢生子母相依者也慈石石中之精者能引鍼鐵呂母感子故名慈石漢書曰慈石取鐵別作磁

恩烏痕切愛惠也

大日四七

慕 戀 憐 恃 怙 忕 悅

莫故切慕戀也說文又有慔也孫氏音同

龍眷切系戀不舍也

落賢切閔憂也又作怜

上止切倚賴也

後五切負恃也又作㤖

旹制切狃習也

弋雪切內旻於心愉懌也古亦通用兌

說二字易曰說萬物者莫說乎澤引之爲悅澤

怡

怡盈之切和悅也語曰兄弟怡怡又曰出降一等逞顏色怡怡如也别作恞

愉

愉容朱切和豫也記曰有和氣者必有愉色

懌

懌夷益切喜悅也詩云悅懌女美

懕　恔　快　恢　恬　愈

懕詰劦切心意猒滿也又作愜㥦快說文曰㥦思皃

恔後校切懕也孟子曰於人心獨無恔乎

快苦怪切心意暢遂也

恢苦回切心意開弘也傳曰用不恢亏夏家又作悝晋秋衛有孔悝說文悝啁也病也孫愐曰大也

恬迖兼切心意安也

愈勇主切心意轉加也詩云憂心愈愈引

之則凡差勝者爲愈語曰女與回也孰愈

曰肰則師愈與病差亦曰愈別作瘉非瘉乃病也

憧　憧尺容切易曰憧憧徃来朋从爾思說文曰憧意不定也

怒　怒奴故切義不待釋

憤　憤父粉切感憤鬱發也

忿　忿撫吻切怒[illegible]也說文曰悁也

悻　憝　懟　慍

小四十七

悻 胡頂切，怒狠也。又作婞，說文曰悻狠也，一曰見眂也，或作悻，非。

憝 达數切，惡去聲，怒也。書曰凡民罔弗憝，又曰元惡大憝。孟子引書作譈。

懟 直類切，怨憤無好亡也。孟子不娶則廢人之大倫㠯懟父母。周語曰事君者險而不懟。

慍 於問切，緼怨不亏於中也。又紆粉切。

惀　忤　恚　憾　悱

惀楚辭曰憎愠惀之脩美愠紆粉切惀盧本切類篇曰思求曉知之謂惀一說愠惀煩悶皃吕其辭意考之愠惀乃忠悃之意

忤五古切心觸遻也俗書古通作午遻

恚於避切怒恨也又作嫕說文曰恚恨也嫕不悅也

憾戶紺切衆恨也

悱妃尾切心有所蔽而拂鬱也語曰不憤

懥　忮

不攺不悱不發朱子曰口欲言而未能之皃恐未然別作悱悲

懥脂利切大學曰心有所忿懥則不㝵其正康成曰怒皃也或作懫或爲疐陸氏勑值切范氏音稚徐氏丁三切又音勳一曰悁也又作懫書曰有夏之民叨懫日欽孔安國曰忿懫也說文作墊陸氏勑二切

忮支義切害心也詩云不忮不求毛氏曰害也說文曰狠也莊周曰雖有忮心不怨飄瓦

悁

規緣切狷急也晉語曰小心悁介不敘行也與狷義近說文曰忿也又縈緣切憂也詩云中心悁悁　籒

懠

才細切又前西切詩云天之方懠無爲夸毗毛氏曰怒也通作齌楚辭曰反信讒而齌

怒

惧

下具切義不待訓

憑

𢢺皮冰切盛气憑滿也通作馮傳曰震電

馮怒

急

𢚩訖及切亟心也

悍

𢙇矦旰切又下罕切𣊼悍也

懱

𢣹彌力切狷執也

憎

𢢅咨騰切嫉惡也

怪

𢘍古壞切駭異也

惎　怨　忍　憂

惎渠記切說文曰毒也傳曰管蔡啟商惎間王室又曰惎澆能戒之杜氏曰毒也又曰晉人吕廣隊不能進楚人惎之脫扃杜氏曰敎也別作忘懸碁嫉恚也

怨於願切義不待訓說文恚也□古文又作㤪惌

忍尒軫切義不待訓說文能也忍忍艸之能忍者也別作荵非

憂於尤切義不待訓別作□說文憂和之行也引詩布政憂憂

从文𢝊聲𢝊愁也从頁徐鍇曰𢝊愁形於顔面故从頁蜀本頁聲按徐氏之説鑿而不通頁非其聲乃从心𢙏省聲也

𢡟鋤尤切說文憂也幽憂不已也按易晉之未濟曰晉如愁如貞吉受茲介福于其王母侶無憂愁義楚辭曰愁鬱鬱之無快又曰愁悄悄之常悲㠯愁爲憂蓋自此

𢖍雪律切憂閔也亦作卹

罹　愍　患

罹（篆）鄰知盧何二切憂也詩云無父母詒罹又曰逢此百罹罹羅省聲又與離通用爲附離之離

愍（篆）笑隕切哀矜也通作閔又作慜楚辭曰離愍而不興又作憫慜

患（篆）胡毌切心所㾏苦也說文曰憂也从心上毌吅吅亦聲闗古文从關省（篆）亦古文按吅非聲乃串聲說文闕串字

恙　惱　悶　憹　懊　愀

恙弋亮切憂患也一說蟲入腹入人心

惱奴皓切憂撓也腦省聲別作㛴說文曰心有所恨也从女𡿺聲

悶莫困切憂否也又作懣說文悶懣也懣煩也

憹奴皃切憹懊猜恨也又奴老切類篇曰懊憹痛悔也

懊於浩切又乎聲悵惱也爾雅忨也又於六切

愀慈秋切憂深之皃與湫通又子小切憂

見顩面之皃又親小切

悄　惄　惆

悄七小切愁伍也㬎曰憂極他慮不入故靜詩云憂心悄悄又曰勞心悄兮

惄乃歷切心虛弱也詩云我心憂傷惄焉如擣又曰未見君子惄如調飢說文曰飢餓也一曰憂也又作愵說文曰憂皃讀與惄同

惆丑鳩切說文曰失意也與怊通

怊 悵 悒 怏

怊丑招切莊子曰招乎若嬰兒之失其母楚辭曰怊惝怳而永哀說文新附曰悲也

悵丑亮切失意悵望也說文曰望恨也

悒乙及切悒悒憂鬱也古單作邑於邑鬱邑不獨心爲猒又烏合切

怏於兩切又去聲怏怏中心恨望不乎也通作養詩云中心養養又通作鞅漢書曰

惋　憮　惝

居常鞅鞅又於浪切怏然欣愜自足意古通作盎

惋烏毌切駭悵也

憮网甫切意若失也孟子曰夷子憮然爲閒曰命之矣說文曰憮愛也

惝他朗切又齒兩切惝怳心若有亾也莊周曰君惝然若有亾也又作㦡

怳　懭　悢　怲

怳詡往虎廣呼郎三切心荒忽也說文狂之皃

又作㡆通作荒楚辭曰怊荒忽其焉極別作㤺慌

懭苦謗切楚辭愴怳懭悢兮去故而就新朱子曰皆失意皃別作懬說文闊也一曰廣也大也又上聲

悢力讓切懭悢也又平上二聲

怲彼病切又彼浪切詩云憂心怲怲毛氏曰憂

盛滿也

忡 敕中切。詩云憂心忡忡。與沖通。又作爞。毛氏曰猶衝衝也。楚辭曰極勞心兮爞爞。又職容切。怔忡也。亦作忪。

惙 竹劣切，又丁活切。詩云憂心惙惙。舅駟曰憂結皃。

惔 𨑒甘切。詩云憂心如惔。毛氏曰燔也。

忉 都勞切。憂勞也。詩云勞心忉忉。

懆 慅 慱 悲

懆七到切又采咼七感二切詩云念子懆懆說文曰愁不安也舅氏曰潰亂皃

慅七老切又倉刀七到二切詩云勞心慅兮說文蘇遭切動也蓋讀與騷同非

慱徒官切詩云勞心慱慱兮侗謂通當作專憂心屯積不㠯也

悲逋眉切義不待訓

悼　悽　惻　㥯　怛　憯

悼徒到切。悲痛也。說文曰：懼也。陳楚謂懼曰悼。徐鉉曰：从罩省聲。

悽千西切。憂心淒然也。與淒通。

惻察色切。心有感觸，刺刺然也。

㥯倚謹切。痛怛隱心也。又作慇。

怛當割切。痛也。或作⿱旦心。又實也。

憯七感切。痛毒也。漢書作⿸厂朁。詩云：憯莫懲嗟。毛氏曰：曾也。

慘 愴 恫 悕 忼

𢝊七感切悽慘也或曰憯慘實一字

愴楚亮初良二切悲楚也古通作倉詩云不殄心憂倉兄塡兮與滄通

恫他紅切痌心也說文曰痌也一曰呻吟也別作痌恿

悕香衣切公羊傳曰陳存悕矣何休曰悲也

忼丘浪丘郎二切忼慨意气感激不平也古單作亢徐鉉曰別作慷非

憯

愾口蓋切槩於心發於聲气也又作愾說文曰太息也又作嘅詩云愾我寤歎又曰嘅其歎矣記曰愾然必有聞乎其歎息之聲愾又許既切傳曰諸侯敵王所愾杜氏曰恨怒也按愾蓋王心所謂未見怒意又作氣鎎尒雅曰氣靜也說文曰氣癡皃鎎怒戰也引傳敵王所鎎

憯恩積切憯失也因之爲吝憯

慟 愳 恐 怖 惴 惕 恇

慟徒弄切哭哀不自止也

愳懼衢遇切義不待釋

恐丘勇切懼皃也古文

怖普故切畏懼皃也又作悑又普駕切俗作怕

惴之瑞切畏懼小心也

惕他歷切驚懼也說文或作悐

恇丘徃丘王二切畏橈也

懾 慴 怵 憚

懾 質涉切悑服失气也說文曰失气也伯曰膽攝也又作㒦

說文曰心服也又作慹說文曰悑也漢書曰豪彊慹服

慴 迪涉切說文曰震慴也讀若疊與疊通詩云莫不震疊

怵 勑律切說文曰心恐動也

憚 徒案切畏難也又作愄秦與瘢王於愄狐又丁左切詩云哀我憚人毛氏曰勞也又丹末切與怛通

莊周曰憚赫千里又丁但切亦作僤詩云逢天僤怒毛氏曰僤厚也此說非又詩云我事孔庶憚我不暇毛氏曰勞也讀丁左切想不必變正文

忌

忌渠記切嫌畏也引之爲疑忌敬忌忌克又作諅說文曰諅戒也諅忌也又作惎又居吏切僭爲辭助詩云叔善弢忌

悸

悸渠季切心動也又作痵

怔　愬　憺

怔諸盈切怔忡心動悸征營也古僭用征

愬色責切易曰履虎尾愬愬子夏傳曰恐愳也又穌故切訟也讒也與訴通語曰公伯寮愬子路於季孫又曰膚受之愬

憺徒濫切漢書曰威稜憺乎鄰國李奇曰猶動也蘇林曰陳畱謂恐爲憺今俗吕爲恬澹之澹非也又徒敢切楚辭曰心怛傷之憺憺

愞 怗 慙 恥 愧 忝 怍

愞 奴亂切，駑弱也。又作偄。說文曰：弱也。俗譌爲懦，非。

怗 右涉切，膽弱畏愞也。

慙 才甘切，羞愧也。

恥 丑己切，羞惡也。

愧 俱位切，內慙也。又作媿。

忝 他點切，辱也。

怍 疾各切，慙也。又作詐。說文曰：慙語也。

忸　怩　悔

忸女六切羞縮也又作恧

怩女夷切羞沮皃書云顏厚有忸怩

悔虎猥切又去聲追悔其所已爲之非也又爲卦之貞悔書曰乃命卜筮曰貞曰悔凡易内卦爲貞外卦爲悔傳曰蠱之貞風也其悔山也本卦爲貞變卦爲悔晉語曰貞屯悔豫說文作𠧪

懲悛怠惰忽

懲持徵切創乂也說文曰忞也忿懲也

悛逡緣切懲改也

怠蕩亥切不敬也

惰杜果切又去聲解弛也怠則惰別作憜惰

忽呼骨切輕易也借爲倏忽恍忽荒忽之

忽作止去來不可期知之皃別作惚借爲茲

忽眇忽之忽徐鍇曰一蠶所吐爲忽十忽爲絲亦作芴莊周曰察其始

慢　懶　慵　慆

無形無气襍兮茲芴之閒

慢　莫晏切，不共也。亦作嫚，荀子作僈。

懶　力但切，不勤也。說文作嬾。

慵　常庸切，懶也。慵懶二字皆古所無。

慆　吐刀切，慆猶偷也，苟且因循之謂。書云：無即慆淫。傳曰：君子之近琴瑟，非㠯慆心也。又曰：君曰不悛，㠯樂慆憂。詩云：日月其

恌　恝　忘　憊

慆言日月从人因循中逝也

恌他雕切偷也或曰輕也詩云視民不恌毛氏曰愉也孫氏愉他矦切又音踰說文引詩作佻

恝訖黠切戛然不槩於心也孟子孝子之心不若是恝說文作忿忽也引孟子不若是忿或作怴又居拜切

忘武方切遺忘也又去聲

憊步拜切疲倦也又作憊易曰系遯之憊有

愒　憖　愚

㤓慲也說文慲懖也懖孫苦計切慲也或作獮

愒苦蓋切玩慢也傳曰主民玩歲而愒日杜氏曰貪也非又苦㓾切息也徐鉉曰別作憩非

憖魚覲切意已倦而勉彊也詩云不憖遺一老尒雅曰願也彊也且也鄭氏曰心不欲自彊之辭也楚語曰吾憖置之耳傳曰兩君之士皆未憖也

愚元俱切不慧也

惑　憒　悗　惷　戇

惑穫北切眩易也古單作或

憒胡數切冥煩潰潰也古通作潰詩云潰潰回遹

悗謨官切心昬瞢也又母本或作慲

惷書容丑江二切說文曰愚也記曰寡人惷愚冥煩

戇陟降切窒直也

怐　惡　慝　忒

怐許侯切，怐瞀冥悶無開豁也。

惡遏鄂切，不善也。又烏故切，憎惡也。又哀都切，偺爲惡有惡旻之惡，與烏通用。又爲發語辭，孟子曰：惡，是何言也。

慝他悳切，衺惡也。

忒他悳切，過差也。又作忒。說文曰：忒，更也。忒，失常也。亦偺用貣字。月令曰：無有差貣。

愆　憸　恣　怓

愆 去虔切過也韋也 又作𨒫說文愆寒𨒫皆過也諐籀文漢書曰失道之諐又作愆

憸 息廉切邪陂銛巧也 又作㤿說文曰疾利口也引書相旹㤿民又七廉切

恣 資三切縱欲也 說文曰縱也 又千咨切恣睢縱橫也

怓 奴交切詩云無縱詭隨吕謹惛怓 毛氏曰亂

慳　恰　忙　恁　惹

也說文同

慳丘閑切靳忍也自慳而下皆俗所通用

恰苦洽切適當其可也孫愐曰用心也

忙莫郎切倉皇也孫愐曰怖也又作恾

恁如甚切今俗所用猶言如是也典引曰勤恁旅力說文曰下賫也孫愐曰念也

惹人者切今俗所用其義爲縈惹孫愐曰亂心也

懰　懮　慉　怭

懰力九切詩云佼人懰兮劉氏曰好皃埤蒼作嬼妖也自懰而下皆古書之難通者

懮於九切詩云舒懮受兮陸氏曰舒皃楚辭曰傷余心之懮懮朱子曰愁也

慉許六切詩云不我能慉毛氏曰養也鄭氏曰驕也說文曰起也

怭薄必切詩云亦既醉止威儀怭怭毛氏曰媟

憬　怗　懘　悐

慢也又作㒖說文引詩作㒖

憬俱永切詩云憬彼淮夷毛氏曰遠行皃說文曰覺寤也

怗処廉切懘尺制直制二切記曰宮商角徵羽五者不亂則無怗懘之音矣康成曰敝敗不和皃徐氏曰怗敝也懘敗也怗又多忝切靜也托恊切服也㦓廉切怗懘也又作惉怗懘又作慸說文曰高也一曰極也一曰困劣也按史記引記止作惉滯

悐他的切楚辭曰悼來者之悐悐一作逖朱子曰

憂愳皃

怦 惲 戁 寍

怦昔耕切楚辭曰心怦怦兮諒直朱子曰心急皃

惲委隕切說文曰重厚也

戁女版切說文曰敬也詩云不戁不竦毛氏曰恐也朱子曰愳也

心之疑

寍囊丁切說文曰安也从宀从心在皿上人之飲食器所㠯安又寍顧辭

惠

也从丂寍聲又甹寧定息也从血甹省聲按寍甹寧三字必相因而爲聲義許氏之說皆牽合而昆無理書傳之用其義有二其一安也其一願辭擇於不旻己寍若爲此也語曰禮與其奢也寍儉

惠胡桂切說文曰仁也从心从叀徐鍇曰爲惠者心專也𢡟說文曰古文

按經傳之用其義有二其一順也書曰惠迪吉曰朕言惠可厎行曰嗣王不惠于

懿　慶

阿衡其一恩惠也

𢡺乙器切書云徽柔懿共詩云好是懿惪曰女執懿匡曰懿厥哲婦毛氏曰美也說文曰專久而美也从壹从恣省聲按从壹無義恣於聲亦不龤疑从心歕聲欠譌爲次也類篇曰懿古作歕又於其切恨聲歕蓋自爲一字

慶丘畺丘竟二切嘉事曰慶因之爲賀慶說文曰行賀人也从心从鹿从夊吉禮㠯鹿皮爲贄

憲

憲許建切伯曰工師収爲宮室先爲之圖曰憲管子曰如稷之憲謂蘖濾也書曰監亏先王成憲按憲縣濾也周官布憲掌憲邦之刑禁康成曰憲表也謂縣之也士師掌五戒五曰憲用諸都鄙正歲帥其屬而憲禁令亏國及郊埜又曰市刑小刑憲罰鄭司農憲播其隸又鄉大夫正歲令群吏攷濾亏司徒己退各

憲之於其所治故取瀗亦謂之憲詩云文武吉甫萬邦爲憲書云惟天聰明惟聖旹憲中庸曰仲尼憲章文武是也於旹文武之道未隊故曰憲章說文曰敏也从心目害省聲按宀非聲

孫奎謹校

六書故弟十三

六書故 一

十四卷三十五卷

人之三人八

六書故弟十三

永嘉戴侗

人七

手

𠂿式九切象指掌及掔說文作𠂿古文按𠂿𢪅皆傳寫之譌

手之指事

共

𠬞矩竦切又手也从兩手交叉鄉弜禮共而後單作共今俗作拱憂加手非共璧謂璧之大盈共猶言共把之桐梓也俗作珙加玉非

共手所㠯爲共故因之爲共敬之共居容切詩云念彼共人靖共尒位又曰虔共尒位傳曰民未知禮未生共共曰亯㠯尒共儉曰共而从君曰敬共朝夕共公共㞢子共仲凡共敬皆單作共令俗作恭从心書曰皃曰共語曰皃恩共共主於皃从心非也又因之爲共弄共給之義所共之物爲共居用切書曰汝共工周禮共王之膳共祭祀之𥫗凡共弄皆作共傳曰王祭不共曰斁不共給皆單作共令俗作供加人又作龔共非又因之爲同共之義具用十說文

拜　投

曰𢪃同也从廾𢪃古文按共之从廾其義
這曲古文交手乃其正也隸書𨄅省傳寫
譌爲
廾也

手之會意

𢪘布壞切下手爲拜書曰皐陶拜手稽首
揚雄曰从兩手从下別作𢱭說文曰首至地也从手从
𠦍徐鍇曰𠦍進趨之疾也故拜从之按𠦍
乃聲說具𠦍下𢱭古文𢱭𢱭𢱭皆古文

𢫨度侯切擿也以殳投之也愽者投某以

小九十七

睹勝負故㥁某因謂之投别作骰又度透切

爲酒者投飯於醅中謂之投别作酘

扞

扞矦玩切扞禦也从手持干扞之義也干亦聲古通作干詩云公矦干城亦作捍内則曰又佩決捍捍卽拾也㠯皮爲之所㠯扞臂遂弢也亦作𣪠説文扞忮也𣪠止也又作⿰扌𣪠

折

折之削切斷物也从手持斤折物之義也

巳折爲折常削切又之側切

手之龤聲

捥

捥烏擐切掌幹曰捥傳曰捘衛侯之手及

捥亦作腕掔士喪禮曰設握乃連掔鄭康

成曰掔手後節中也

掌

掌諸兩切指本也僭爲職掌之掌又爲鞅

掌詩云或王事鞅掌莊周曰鞅掌之爲使

指　擘　拇

鞅掌罷曳皃也

𢪑職雉切手又指也喻人者指呂示之故

心之所指亦曰指 別作恉

擘博麥切指也孟子曰吕仲子爲巨擘焉

因生擘劃挽擘之義 顏師古曰引弩手亦張曰擘足踏曰蹶

僭用擗字記曰燔黍擗豚 康成讀作擘

拇莫古莫厚二切將指也足將指因亦謂

拇在周易咸之初曰咸其拇二曰咸其腓三曰咸其股此足拇也

拳

[篆]衢員切握手也引之爲拳拳拳之義言其握固弗舍也中庸曰㬅一善則拳拳服膺而弗失之矣又因之爲拳拳勇詩云無拳無勇說文作捲

揱

[篆]相邀色交二切徐鍇曰臂胥長纖殺皃考

工記曰望其輻欲其掣爾而纖康成曰纖殺小皃讀如蠑蛸之蛸

攣 握 搹

攣閭員切駢指也引之則凡拘攣凡聯屬者皆謂之攣易曰有孚攣如

握乙角切闔指掌也記曰雛尾不盈握不盈把握之義由之□說文曰古文

搹乙革切圜握也喪服傳曰苴絰大搹又

把　抲　攝

作扼搤說文曰搤捉也扼把也康成曰搹扼也中人之扼口九寸扼者握之急故因爲控扼

把搜下切秉也一手爲把合手爲共說又見秉下

弓弦之屬手所把爲把必駕切別作弝猶秉之爲柄也

抲苦加切搹之力也或作抲揢

攝失涉切歛把也語曰攝亝升堂記曰毋

𢪇 搦 拈 捉 持

子攝束帛椉馬而叔之引之爲攝官之義謂兼執其事也語曰官事不攝

𢪇諸劦切攝之固也又作敜見攴部俗作捻

搦昵格昵角二切𢪇之孰也

拈奴廉切指攝也

捉側角切執之也

持直之切久執也

操　拾

𢫑七刀切持之力也記曰執主器操幣圭璧所操曰操去聲

拾是執切掇斂也射有決拾韝著左臂所㠯遂弦者謂之拾亦謂之遂詩云決拾既佽周官繕人掌王之決拾康成曰拾斂也所㠯蔽膚斂衣又記拾級聚足康成曰當作涉聲之誤也又記曰與客拾踊曰婦人奔喪與主人拾踊陸氏其劫切康成曰

卌十五

拾更也蓋迭踊

掇

掇都活切輕手采取也易曰患至掇也言取之易也詩云采采芣苢薄言掇之說文曰拾取也又作敠

擷

擷奚結切挈取也拾眂掇爲易掇眂擷爲易

摭

摭之石切采取也少牢饋食禮曰乃摭于

摘　掐　撮

負笞俎說文作拓拾也陳宋語或从庶

𢱭陟革切掐取也說文曰拓果樹實也啻聲一曰指近之也徐鉉曰當从適省乃旻聲

掐苦甲切爪入也

撮倉括切㠯指撮取粒物也中庸曰今夫地一撮土之多又作搣揉莊周曰有一狙焉委蛇攫揉見巧乎王

因之為圭撮之名三圭為撮三撮為抄又

大ㄋ四五

抔　掊

宗掊切撮聚也詩云臺笠緇撮謂以緇帣緫髮也

抔步侯切匊取也記曰汚尊而抔歙漢書曰取長陵一抔土又作捊說文曰引取也或作抱

掊蒲侯蒲回蒲北三切詩云曾是掊克說文曰把也唐本曰捊也史記曰掊視旻鼎莊周曰掊斗折衡令鹽官謂入水取鹽曰掊

捄

捄渠尤切手區於鉤切捄物之皃詩云有捄棘匕毛氏曰捄長皃朱子曰曲皃又曰有捄天畢毛氏曰捄畢皃曰捄之陾陾毛氏曰捄虆也鄭氏曰捄捊也築牆者捊聚壤土盛之吕虆而投諸版中又曰殺旹犉牡有捄其角鄭氏曰捄角皃按捄本手區抔物之狀捄之陾陾謂抔土實於版中也鄭氏之說是也棘匕天畢謂其宛中如區也有捄其角言角之宛中也兕觥其觩角弓其觩之觩皆同此義或从角尔六書之義不明故傳注或吕爲長或吕爲曲或吕爲虆爲捊至不旻其說

則但㠯爲畢與角之皃皆緣詞意揣也爾雅曰櫟其實梂謂其下有斗梂䏶也又曰椒樧醜莍謂其實蓬生盈匊也

拏

[篆]奴加切攫執也說文曰牽引也

挐

[篆]女居切莊周曰魰又丈挐而引其船宋玉賦枝煩挐而文横說文曰持也孫愐曰牽引也又女加切按拏與挐通

扯

[篆]齒者齒只二切拏曳也與褫通又作撦類篇曰削也又作抯淺野切取也

攎

攎莊加切叉矍也又作担又作皻見又部說文担挹也一曰取物泥中

抄

抄初交切从手取也故吕匕抄取粏物亦曰抄令人言抄錄文字亦曰抄又楚敎切所抄錄謂之抄與鈔通又从手發物亦謂之抄

搴

大、六五

搴丘虔切引取也楚辭曰朝搴阰之木蘭

擥　摻

又曰寋夫容兮木末賈誼曰盜者寋兩廟之器司馬與曰斬將寋旗淮南子曰寋巨

旗如淳曰取也顏師古曰拔也說文作攐拔取也又作攓莊周曰攓蓬而指之

擥魯敢切斂取也漢書曰王莽自擥眾事

又作攬擥

摻所覽切引取也詩云摻執子之手又所銜切手指纖長皃詩云摻摻女手可㠯縫

裳亦作攕

摳

摳虧侯切曲指鉤攕也記曰兩手摳衣去齊尺

摟

摟盧侯切摳挽也孟子曰摟諸侯吕伐諸侯又曰踰東家牆而摟其處子皆謂力鉤致之説文曰曳聚也類篇龍朱切按詩弗曳弗婁不从手

搊

搊側九切又指摳攕也

挽　控　搯　捽

挽武遠切牽引也挽車之挽或作輓

控苦貢切挽持也詩云抑磬控忌又曰控于大邦毛氏曰騁馬曰磬止馬曰控今人謂控馬爲鞚从革非

搯祖孔切兼持也傳曰君若搯其罪人以臨之與緫義近記曰冕而搯干

捽昨沒切拏捽也凡捽者必捽其頭項說文曰持頭髮也漢書曰捽胡投何羅殿下

挎　攡　抱　抽　掣

挎空胡切摳持器物也禮𠂇何瑟後首挎越康成曰挎持也按越瑟空挎謂指入越內摳持之又虧矦切與摳通

攡妥勇切半抱也

抱蒲晧切義不待釋說文捊引取也或作抱裒褒也徐鉉曰俗作抱非按抱本非褒所抱者多在褒故云褒抱裒乃袍也捊亦不當㠯包爲聲

抽敕鳩切拔也引長曰抽別作擂搊

掣尺削切牽曳也尺制切牽制也易曰見

大丹二

拔　擢

依六三

輿臾其半掔又作㨖攣說文曰引縱曰攣瘛省聲瘛小兒瘛瘲病也按掔縱本謂小兒風驚乍掔乍縱也掔搐也縱則掔而乍舒也瘛瘲本因掔縱而立文今乃作攣叏从瘛失之甚矣

拔蒲八切引固曰拔又作𢻴淮南子曰㾦風𢻴木又蒲末切矣括也又蒲貝切詩云柞棫拔矣鄭氏曰本生柯葉皃一說撮取也

擢直角切柬拔也

揥　揠　撏　搐　揨

揥丑例切詩云象之揥也毛氏曰所以擿髮

揠乙黠切拔之微起也孟子曰宋人有閔其苗之不長而揠之者

撏昔占切拔短曰撏說文作栟併持也

搐初六切抽掣也通作慉漢書曰一二指慉身慮無聊師古曰動而痛也

揨頁心格切手削物也與埩通

大、五十

撩　挑　抶　搲　探

撩郎蕭切吕指勦物也

挑他雕切挑發也說文撓也又土了切挑致也

傳曰趙旃請挑戰又作誂說文曰相呼誘也

抶一決切抶取物於臽中猶穵也又作䀗

烏括切抶取也亦作捾

搲烏瓜切深取也聲義與抶剜相近

探他含切深取也漢書曰深探其獄測深淺者因

亦謂之探他紺切

擣

擣徒含切周官擣人掌誦王志道國之政事以巡天下之邦國而語之陸氏他南切與探同徐本說文曰探也唐本曰搦也孫氏他紺切淮南子曰擣挨挻挏世之風俗

搜

搜疏鳩切索也詩云束矢其搜古單作叜晉語曰合群叜比

挹

挹乙汲切酌水也詩云泂酌彼行潦挹彼

佐五十四

抒　摶　攢　括

注兹

抒仲與切舀也

摶徒官切兩手鞠摶之也記曰無摶飯周禮百羽爲摶謂摶束之也陸氏徐轉切非說文摶圜也別佐攟

攢祖官切輯聚也又佐欑

括古活切結束也易有括囊禮有括髮皆

此義括髮之括別作髺鬠說文髺潔髮也矢之衜弦者因謂之括書曰往省括于度則釋矢括別作筈栝因之爲結礙之義易曰動而不括說文曰絜也一曰檢也絜麻一端也蜀本說文曰絜也結也又會也此蓋因括橐括髮生義詩云悳音來括亦作佸詩云曷其有佸

揫

揫即由切斂也說文曰揫束也韋部又有𩏓叔束也或作𩏓从要或作揫又作揂聚也

攈　攜　提

攈攈捃祜倫疑縕二切收束之也魯語曰收攈而烝漢書曰攈摭秦法亦通作麇傳曰麇之以入別作攟捆右聲

攜玄圭切縣持也僭爲攜貳之義別作𢥞

提辻兮切一手縣持也記曰提者當帶漢書兩人相爲提衡又曰从提又挈又辻計切擲也漢書太后以冒絮提文帝又是支

撕　拎　拕　挈

切詩云歸飛提提

撕山兮切提綏之也於古當爲綏

拎郎丁切縣持也又作⿰扌零

拕湯何切曳也又作拖拕亦通佗佗又唐何切與佗通又湯我切曳而委之也語曰加朝服拕紳又达我切非亦作袉

挈苦結切縣⿱手又也

扶防無切。義不待訓。說文曰左也古作𢼄从攴又投壺禮曰筭室中五扶鄭康成曰鋪三指曰扶一指按寸旾秋傳曰膚寸而合何氏曰側手為膚按指為寸陸氏曰方孚切

挾檄頰切。挾持也。說文曰俾持也又假借卽涉切帀也周官曰挾曰而斂之與浹通按古無帀字㠯挾為帀詩云天位殷適使不挾三方

掫鄒鼎切。聚隊也又作𢭸又諸仍切說文曰上

舉也或作撜

掀 虛言切舉之起也春秋傳曰乃掀公而出於淖

揭 居竭丘竭二切掀舉也說文木部又有楬桀也又去例切詩云深則厲淺則揭舉其衣襦也

擨 居衛居月二切記曰不涉不擨康成曰揭衣也

扛 古雙切橫扛對舉也

𢶷 擎 撰 措

佐七十六

𢶷虎項切類篇曰山東謂儋何曰𢶷今浙人亦有此語俗呂大力爲夯

擎渠京切高舉也又去聲

撰雛勉切又雛戀切造也具也易曰呂體天地之撰周禮曰群吏撰車徒語曰異乎三子者之撰屬辭述事者因謂之撰別作譔記曰論譔其先祖之美說文𢍏具也無撰字韓康伯曰撰數也

措倉故切置也通作錯別作厝又壯格切漢

接　授　揖

書曰爭門揞指

𢲵即涉切引手相接也漢執韓信使武士反接之謂縛兩手使自相接也

授植救切付畀也

揖伊入切共而上下𠂇又之㠯相禮也周官詔王儀土揖庶姓旹揖異姓天揖同姓康成曰土揖推手小下之也旹揖平推手也天揖推手小舉之語曰揖所

與太乡又手語曰執圭上如揖下如授揖
雖有高下大槩爲上其手也又作撎說文撎𣪊
手下手也孫氏於計切按說文𣪊手下手卽揖也孫氏之音誤又卽入切
僭爲揖揖之揖詩云螽斯羽揖揖兮

擯

擯必刃切屛席也古通作賓亦上聲又爲賓
相之賓贊相賓客也或作儐从人

招

招之遙切說文曰手呼也引手呂招來之

揮　撝　披

也又祁堯切周語曰好盡言㠯招人過韋昭曰舉也又常遙切傳曰祭公謀父作祈招之詩孟子曰蓋徵招角招是也與韶通

揮許歸切舉手揮之也又與麾通

撝許歸切說文曰削也一曰手指也易曰無不利撝謙程子曰撝施布之象朱子曰發揮也

六百五九

披叓羈切撥開也史記曰披山通道因之

王

爲披衣之披又畨靡切披靡風之所吹披檝偃靡也別作𤘽說文曰牲犕𤘽靡也又披義切記曰餙棺君𧷋戴六𧷋披六康成曰披柩行夾引棺者婦人之服披於衣者曰披別作帔說文曰弘農謂帬帔也餙棺之披與婦人帬帔義同陸氏讀被義切非

撥

攘

𢶍北末切推撥也

𢹎如陽切𤔫袂出臂也孟子曰馮婦攘臂

擐　揎

下車詩云攘其𠂆又記曰𠂆又攘辟又因爲引手取物之義書云敓攘矯虔孟子曰曰攘其鄰之雞者又因爲擾攘之義賈誼曰國制搶攘亦上聲注攘亂皃顔音搶攘爲傖獰則非矣別作𣀔勷躟纕說文纕爰臂也攘推也

擐胡卝切說文曰毌也傳曰擐甲執兵

揎荀緣切鉤袂出臂也又作捊士虞禮鉤袒康成曰如今捊

大司五十　王

挺

衣也

挺他頂切攘臂申直之也說文拔也因之則凡長物亦謂之挺辻頂切鄉飲禮薦脯五挺亦作脡士喪禮脯三脡詩曰周道挺挺又作侹說文曰長皃一曰著地一曰代也又因爲挺出之義月令曰挺重囚史記曰厥劒挺

摯

摯陟利切下手盡其勢也凡揚之極者必

摯艘疑者必先摯故謂軒摯書曰天曷不降威大命不摯孔氏曰至也考工記曰大車之轅摯又曰大車平地既節軒摯之任說文曰摯握持也又𡠗至也引書大命不𡠗又作墊軒摯之摯亦作輊鄭康成曰摯輖也又曰凡甲鍛不摯則不堅康成曰摯之言致也又與贄質通用記曰凡摯天子鬯諸侯圭卿羔大夫鴈士雉

捷　扱　撍

小六十五

捷測洽切茁也士冠禮曰卒醴捷柶康成曰扱也令作插又疾枼切敏速也許見疌下因之爲勝捷

扱楚洽切收斂也記曰扱上衽又許及切記曰以其自鄉而扱之康成曰收糞也讀若吸

撍卽刃切搢佩也周禮曰王撍大圭單作朁又卽甸切撍紳亦作薦紳

𢶍　掄　擇　揆　揣

𢶍親然切擡也俗作扦

掄龍昏盧昆二切倫選也周禮曰邦工入山林而掄才

擇直伯切簡選也

揆巨癸切度也說文葵也唐本度也詩云揆之以日

揣楚委切揣而察之也孟子曰不揣其本蘇秦學揣摩陳亏曰生揣我何念說文曰量也度

摹　描　擬

高曰揣一曰摋也又作敠又辻官切貫誼賦曰何足控

揣孟康曰揣持也如淳曰揣摶通

摹莫餔切規画也義與模範之模通謂寫放其形模也

描眉麃切摹画也描摹聲相近描輕而摹重也描摹皆俗書

擬語已切疑手欲有所為擬而未下也故

捫　摸　撫

爲擬議爲比擬易曰擬諸其形容又曰擬之而後言亦作儗記曰儗人必於其倫

捫莫奔切詩云莫捫朕舌漢書漢王傷匈乃捫足

摸末各切捫也說文曰此爲摹字古無摸字即捫也捫摸一聲之轉其義一也又作播

撫孚武切循撫也憂則撫之故有撫柔撫綏之義焉又作攺說文撫也从古文侗謂攺拊字也

摩 攃 挼 搓

摩 莫波切摩切之也引之爲研摩之義古通作靡與磨同因之有漸摩之說 別作攠考工記鳧氏爲鍾于上之攠謂之隧康成曰攠所擊之处攠敝也

攃 七轄切摩之切急也

挼 囊禾切挼搓也 又作捼說文曰推也一曰兩手相摩切也

搓 倉何切轉摩也古單作差記曰差沐于堂上

撚　捏　擘　按　搵

撚乃殄切說文執也一曰蹂也兩指攆撚也

捏乃別切撚之力也

擘乙涉乙甲二切說文曰一指按也莊周曰擘其顙古單作厭楚辭曰自厭按而學誦亦作押令人㠯簽署文書爲押或作轄甲切㠯爲檢柙者非檢柙从木

按烏旰切掌印也與案通用

搵烏困切指按也說文曰沒也

擩　捺　據

擩而宣惢主乃豆三切禮曰取菹擩于醢又取肝擩于鹽㢘成曰擩猶染也又作撋詩云薄污我私㢘成曰污煩撋之也煩撋猶挼莎也

捺乃曷切重按也字林搦捎也

據居御切兩手力按也易曰據于蒺䔧語曰據於惪漢書曰嬴而三據史記趙廉頗軍長平吕按據上黨民

影鈔元刊本六書故

擅　揜　損　撙　撟

擅旹戰切專據也

揜衣檢切手覆也亦作掩説文曰自關已東謂取曰揜一曰覆也掩斂也小上曰掩也

損蘇本切説文曰減也

撙祖本切記曰君子共敬撙節又作繜荀子曰共敬繜絀皆自節約之義又作剸説文曰減也

撟居小切撟猶矯也反其偏也考工記曰

揉

撟幹欲孰於火而無贏撟角欲孰於火而無燂與矯通周官士師之八成五曰撟邦令康成曰稱詐以有爲者史記舌撟然而不下漢書撟虔吏褻勢以僂下說文曰舉手也一曰撟擅也

揉而又切又上聲柔木而屈申曲直之也古通作柔考工記曰揉輻必齊康成曰謂以火槁之易曰揉木爲耒別作輮煣說卦曰爲矯輮考工記曰行澤者反輮行

摺　拗　捩　拘

山者側鞣說文煣屈申木也

摺質涉切折疊也又落洽切史記曰折脅

摺與拹互用

拗於絞切曲折也又於較切反戾也

捩力結切拳絞也又力計切關捩也琵琶

撥謂之捩

拘共于切拘止之也說文在句部从句止也又古侯

振

切記曰呂袂拘而還
振之刃切頓奮之也令俗語所謂斗藪也
記曰振書端書周禮曰司馬振鐸聘禮曰
振袂中攝之此振之本義也傳曰振廩同
食謂斗藪囷廩之所藏相與共食之也周
禮振掌事者之餘財亦此義也周禮曰振
窮傳曰振廢滯謂振起其窮困也昧其義

者吕爲掫救别作賑从貝非周官中旾敎振旅出曰治兵入曰振旅葢歸乞易怠故先王有振旅之禮吕振整其卒伍所吕嚴㚇也是先王行師之精義也孟子曰金聲也者始條理也玉振之也者㚇條理也樂之終㚇其音靡殺玉聲鏗然清越振而作之所吕美成也是先王制樂之精義也昧其義者

但𠂤爲𠑻事則皆釋之曰收振乃振奮安
有收義中庸曰振河海而不洩亦𠂤收釋
之尢非其義振者振搖也莊子曰疾雷破
山風振海而不能驚此明證也易曰山下
有風蠱君子𠂤振民育悳夫蠱之爲卦巽
而止巽弱而不動則腐壞而蠹生之故巽
而止爲蠱人道皆然國家之敝極必由此

救蠱之道莫先於振民振作興起乃能去
蠱而植新譬之戶樞不朽此聖人新民之
精義也放勳曰勞之來之匡之直之輔之
翼之又从而振悳之此之謂也夫振民振
从振之𠯑玉皆聖人精義之所存訓故之
學不講一字之義不明而聖人之精義千
載莫識故六書者格物致知之學不可达

搖　撼

㠯爲小學而已也學文者必由是㠯入故入學者先之又之人切詩云室爾子孫振振兮又曰振振公子言兮其作興也說者㠯仁厚釋之去之遠矣

搖余招切義不待釋史記曰心搖搖如縣惟繁問曰風勝乃搖

撼戶感切搖動之也說文作摵

擤

擤，迂弔切，縣捽也。傳曰：擤鞅而還。又曰：尻大不擤。

捽

捽，補買切，夕又揮捽也。又作擺，類篇曰：開也，撥也。

摝

摝，盧谷切，上下振摵也。周官司馬振鐸作摝鐸。弊𢹂車，迂皆切。康成曰：掩上振之爲摝。摝摝，止行息气也。因之爲𢹂，車迂皆作摝。

撈

撈，郎刀切，沈取也。撈摝之義亦音虜。俗別作擄。

挏　搈　攬　擾

挏杜緫切攤引來去也說文曰攤引也漢有挏馬官掌作馬酒葢挏馬乳以爲酪也別作酮非淮南子曰撢掞挻挏世之風俗

搈余隴切說文曰動搈也

攬古巧切撓也擾撓攬三字之分察其聲而可見

擾尒沼切指叉紛撓也因之而生馴擾之

撓 拌 搔

義謂屈曲从人也書曰擾而毅孔氏曰又順也曰叓又典擾兆民康成曰猶馴也又作擾說文曰牛竿柔謹也

撓女巧切呂手斡旋物也又尼交切搔也俗作掴掏又女敎切撓之而曲曰撓與橈通說文曰擾也一曰揉也

拌薄旱切攪和也

搔穌遭切爬之輕曰搔古亦通作騷說文曰括

大ヨ三十五

眞

也儀禮吕此爲蚤揃非

揲 扐 掛

揲食削切閱數也易曰揲之吕三別作拮說文拮

佘制切捈也

扐歷悳切著物指閒也易曰歸奇於扐又爲數與仂防通

掛古買切又去聲易曰掛一吕象三陸氏曰別也又作挂唐本說文曰縣也徐本曰画也禮曰挂亏季指

擒　攄　掞　拓　攤

引之則凡罥絓者皆曰挂 縣絓當作絓罥絓是也

摛抽知切舒展也 又作攡揚子雲曰幽攡萬類

攄抽居切摛也一曰抒也 又作捈說文曰臥引也孫氏同

都切

掞吕冄吕贍舒贍三切舒也 又作撊

拓闥各切推席也 說文之石切吕爲摭字

攤他干切鋪也

擴　揄

擴闊鑊切拓張也孟子曰凡有三端於我者知皆擴而充之矣亦作擲又作彍說文曰弩滿也漢書十賊彍弩又古縛虛郭二切

揄羊朱切說文引也𠂊又揄搖也莊周曰被髮揄袂陸氏曰斂手衣内而行也音遙又音偷又褚由切李氏曰音投投揮也又士由切又余招切詩云或舂或揄亦作抭周官舂人女舂抭二人鄭康成注引詩作或舂或抭毛氏曰抒臼也按抒舀也抭乃揄也

揚　播

抌尢聲謡爲尢揄搖聲相近故后服揄翟亦爲搖

翟

揚余章切說文曰飛舉也敭古文⿰囟皮而上之爲揚幺之又之爲揄引之爲卬揚颺揚發揚揚揚明揚之揚易曰揚亏王廷

播補過切撥布也布播音義相鄰說文播種也一曰布也𢾽古文又譒敷也引書王譒告之按凡種黍稷者必撥布其種故謂之播播

撒　拂　撇

非種也不當別立文播告猶言布告也又引之爲奔播逋播播與播弃言如播揚而撒越也

撒山戛切撒擲也古無此字當卽用撒字

拂敷勿切拂略也引之爲拂逆孟子曰入則無法家拂士謂拂其非者也別作佛讀爲蒲密切者非說文曰拂過擊也

撇僻別切拂之稍重而疾也史記平原君

担　拭　挋　抆

側行擻席字林从衣匹結切三倉云拂也說文曰撆別也一曰擊也

担丁但切拂之重也楚辭曰意恣睢吕担撟居桀切朱子曰担撟軒舉也

拭書力切吕巾拭垢濡也

挋之刃切士喪禮挋用巾又挋用浴衣康成曰晞也清也古作振蜃氏居各切

抆武粉切拭也楚辭曰孤子唫而抆淚又

捝 抹 揩 捖

作抿呂氏春秋曰吳起抿泣

捝始銳切不盥而拭也鄉飲酒禮又手取肺絕末召祭尚左手嚌之興加于俎坐捝手陸氏始銳切拭也說文曰解捝也孫氏他括切

抹莫葛切拭之長也別作瀎說文曰拭滅皃

揩可皆切拭之力也

捖古八切考工記刮摩之工刮故書作捖

推　排　撿　措

推穿隹切，差使歬也。引其義則爲推廣。推究、推與充聲相通，義亦近之。又通回切，排之歬卻也。

排蒲皆切。排而辟之也。排、辟音相近。今俗有排

削之言

撿戕凾切。推之使隊也。又子禮切。

措乱勇切。推擁也。措、攏皆俗書。

㩳 挨 掁 搪 揹 挃

㩳 筍勇切 推摵也 又作捒[illegible]

挨 英皆切 肩排也 又上聲 說文曰擊背也 又作[illegible]

掁 除耕切 挨入也

搪 徒郎切 排突也 古僭用唐

揹 子末切 遞相排迫也

挃 陟栗切 詩云穫之挃挃 毛氏曰穫聲也 侗謂挃猶揹也 令人或言挨揹 或言挨挃 雙聲多取其聲 詩言乎穫者之比密也

攙　撞　擣　抵

攙初咸切，排而先也。一曰旁扶也。說文新附：刺也。

撞傳江切，直突也。說文曰：凡擣也。樊噲傳：直撞入項羽營。又去聲。

擣都皓切，舂也，築也。說文曰：手推也。一曰築也。詩云：我心憂傷，惄焉如擣。毛注非。又作搗。

抵丁兮切，排也。又丁禮切，拒不進也。與牴通。抵，半角觸也。古單作氐。漢書曰：大角氐。又作觝遈。

大日四四　眞

拄 拒 抗 搶

說文抵㩳也
迡怒不進也

拄冢庾切呂丈築抵也

拒臼許切抵禦也與距通

抗苦浪切㪣拒也又因之爲抗張詩云大

侯既抗記曰小臣抗衾御者浴古單作亢

詳具亢下說文
抗扞也或作杭

搶千竿切賈誼曰國制搶攘孫愐曰拒也
突也又千剛

捘　掎

鉏庚二切䜭灼曰搶攘亂皃也搶音傖又此兩切矍拏也

捘子回切傳曰捘衛侯之手及捥說文曰推也杜氏曰擠也血至捥按捘但為推擠則不旻言至捥又子寸切

掎居綺切自後擁之也說文曰偏引也詩云伐木掎矣伐之艘殊擁而仆之也毛氏曰掎其顛鄭氏曰掎其顛者不欲妄踣之傳曰晉人角之諸戎掎之角者角其耑掎者擁其後也杜氏曰掎其足也

摧　挫　扶

摧徂回切說文擠也一曰挏也一曰折也侗謂合三說而後其義具

挫寸過切說文摧也摧折之削切其鋒銳也漢書銳亢挫於險塞又側臥切莊周曰挫鍼治繲按摧挫二字義相通古人通用摧字詩云乘馬在廄摧之秣之鄭氏曰摧今莝字陸音采臥切

扶落合切中折也漢書曰扶脅折齒說文摧也

抗　掘　搰

又有扗折木也或作擠搚

抗五忽切摧兀也詩曰天之抗我如不我克考工記輻廣而鑿淺是㠯大杌季曰止當作兀

掘其月切發地也古借用闕字傳曰闕地及泉又曰闕翦我公室

搰古忽切吳語曰狐埋而狐搰之韋昭曰發也莊周曰搰搰然用力甚多鄭氏曰用力皃又作捆

大旨七九

眞

扱　拚

小三十九

荀子曰太古薄葬故不抇揚倞曰穿也呂氏旾

秋曰水之性清土者抇之高誘曰濁也亂也

拊方武切拍扱也書曰擊石扱石又曰搏

扱琴瑟傳曰公扱楹而歌又爲弓弣之弣

少儀曰屈韣執扱

抃皮變切扱掌也或作拚又方問切記曰

汛埽曰埽埽席前曰拚聘禮曰不腆先君

拍搭搨批

之秕既拚㠯俟矣與糞通詩云拚飛維鳥

與奮通康成釋㠯飜陸氏曰芳煩切未然

拍　普白切說文拊也拊之重也

搭　悳合切搨吐盍切唐韻搭吐盍切摸搭也搭都合切打也搨都盍切手打也又作㩉按此皆俗書令人㠯搭爲拍搭悳合切搨爲摹搨吐盍切

𢱧　篇迷切挻㠯指也引其義則蔑切亦爲

批　又作𢶀又蔑結切孫臏曰批亢擣虛

挻　摑　擭　擊　扣

𢫬尸連切，掌擊也。挻重於批。賈誼曰：因而挻之矣。說文曰：長也。从延，延亦聲。按：挻之訓長者，从木。俗又作搧。

摑古獲切，挻也。

擭伯各切，手擊也。說文曰：索持也。許氏蓋以為捕字，誤。

擊吉歷切，義不待訓。

扣苦后切，又去聲。攴擊也。又作叩、敂。又作訂。說文曰：扣，牽馬也。此乃惑於扣馬之說。又曰：訂，扣也。如求婦先訂叕之。从言。

打　抌　撻　抶　撝

扚都挺都冷二切又都假切擊也

抌竹甚切說文曰深擊也又呂紹呂招二切抒臼也乃抌之譌冘非其聲也又作炈

撻他達切鞭朴之也書曰撻以記之記曰撻之流血說文曰𨘥古文

抶丑栗切小笞也說文笞擊也

撝爲曠爲孟二切笞擊也又作〔木爲〕進舟也

掠　擽

又通橫切牽也

掠力讓切椋笞也又力灼切說文曰奪取也古作略

擽主𢛁切𣪠擊也說文曰吕丈擊也按椎擊亦謂之擽記曰乾肉則擽而會之莊周曰皆在盧擽之閒尒本又作鏫又曰大馬之擽鉤不失毫芒鄭氏曰丁果切拈擽鉤之輕重而不失毫芒也或曰江東三魏之閒謂鍜

爲搣按或說𢍏近又作簶

搉　搉克角切說文曰敲擊也又作擢漢書揚擢古今

擊　擊詰弔切說文曰旁擊也莊周見髑髏擻㠯馬搣又古的切

擽　擽婥小切擊也詩云擽有梅曰寤辟有擽又必邈切孟子曰擽使者出諸大門之外

撲　撲弼角切撦擊也又普木切自上搭而下

大ㄖ五、

摋　捎

也書云其猶可撲滅秦始皇橐撲二弗又作

攥說文撲挨也又㩧擊也令顛撲之撲用此豥角切

摋桑葛切側手擊也公羊傳曰宋萬臂摋仇牧古通作殺又師駭切擺摋俗語

捎師交切說文曰自關已西凡取物之上者爲撟捎類篇曰又山巧切擊也莊周曰蒲捎之馬按捎郭擊也相如賦曰捎鳳皇又上聲考工記曰已其囗之防捎其藪鄭氏

挈　攦　搣　擉

曰除也阞三分之一也鄭司農讀如蠳蛸之蛸

挈詰黠切史記曰挈鳴琴類篇擊持也卽書戛字

攦所綺切莊子曰攦工倕之指鄭氏呂係切又力結切徐所綺切李云折也崔云撕之也

搣測革𢑴國二切說文新附曰捎也又色責切類篇隕落也搣搣乃偕呂狀落葉之聲傻呂爲隕落解字之敹大略如是

擉測角切又作簎周官鼈人呂昔簎負鼈

拑 捦 捕 擿

凡貍物鄭司農曰籍謂㠯叉刺泥中搏取之莊子曰炙則擉鱉于江按籍刺也今刃刺人者又作戳

拑巨淹切說文曰脅持也

捦巨今切說文曰急持衣衿也別作㩮按拑捦古通作禽

捕薄故切索持也說文取也

擿直隻治革二切投也說文搔也一曰投也按擿摘多相亂

擨　抛　揞　捐　捨　失

莊子曰擿玉毀珠又作擲

擨倉歷切擲而上也俗書

抛匹交切遙擲也抛揞皆俗書

揞於角切擲弃也又於咸切

捐余專切說文曰弃也

捨始野切古單作舍義見舍下

失式質切脫手失物也乙聲

技 拙 拮 据 挶

技其記切，巧䢃也。女之有技者別作妓。說文曰：妓，婦人小物也。

拙職悅切，不能巧也。

拮激質切据斤於切。詩云：予手拮据。毛氏曰：拮据，戟挶也。又曰：手病。說文曰：拮，口手共有所爲也；据，戟挶也。自拮至摎凡十二字，雖見於經傳而其義未明。漢書拮擊鳴球，讀如戛。

挶居玉切。說文曰：戟持也。又作撠。史記曰：箸赦門者不擅撠。孫愐曰：持也。義亦未明。又爲畚挶。傳曰：陳畚挶。杜氏曰：土轝也。

掤　擭

掤筆陵切詩云抑釋掤忌毛氏曰掤所㠯覆矢馬氏曰櫝丸蓋也杜預曰櫝丸箭筩也

擭戶乚切周官雍氏令爲阱擭秋令塞阱杜康成曰擭柞鄂也堅地阱淺則設柞鄂於其中秋則杜塞收又之音爲其臽害人也魯誓曰杜乃擭敜乃穽孔氏曰擭捕獸機檻也中庸曰驅而內諸罟擭臽穽之中說文曰擊擭也擊擭不正也一曰布擭也一曰握也孫氏一虢切

擖　掫　揤

擖力盇弋涉二切說文曰刮也一曰撻也孫氏口八切記曰執其膺擖康成曰舌也㠯舌自鄉陸氏㠯涉切管子作揲曰執其膺揲厥中有帚

掫子侯切又子俱子柵二切傳曰陪臣干掫又曰賓將掫主人辭賓不可親執鐸免夕與於

𡨦說文曰夜戒守有所擊也杜氏曰行夜也

揤考工記曰刮摩之工玉揤亦作楖从木

捆　撊　掾

康成曰讀如巾櫛之櫛

捆　捆口袞切弢禮曰既拾取矢捆之康成曰亝也

孟子曰捆屨織席朱子曰捆扣椓之欲其堅也

撊　撊下版切傳曰撊然授兵登陴杜氏曰勁忿皃按漢文帝詔曰撊然念外人之有非蘇林曰𥨊眠不安皃孟康曰猶爪然也按二字文意實同當㠯一爲正

掾　掾㠯絹切說文曰緣也秦漢官皆有掾與屬漢書

摎　捌　抉　攏

音義曰正曰掾副曰屬按秦司馬欣爲櫟陽獄掾曹咎爲蘄獄掾蕭何爲掾主吏掾乃屬官通稱

摎古肴力求居雷三切說文曰縛殺也孫愐曰束也撓也秦有收軍摎

捌補別切方言無齒杷也今官府文書紀數者用此爲七八之八

抉一丈切說文曰㠯車鞅擊也按今俗㠯旁馬半行爲抉

攏盧東切又上聲類篇曰理也持也掠也按俗言攏馬弓聲攏掠

扮　捘　換　丮

上聲

扮說文曰握也太玄曰地則虛三呂扮天范氏扮猶并也要亦不可曉今俗呂裝飾爲打扮

晡幻切

捘里甑切說文曰止馬也

換胡玩切易也

手之疑

丮說文曰持也象手有所丮據讀若戟孫氏己劇切

鬥 鬧

丮之會意

鬥當豆切說文曰兩士相對兵杖在後象鬥之形鬭說文曰遇也孫氏亦音都豆切按今鬥爭之鬥皆作鬭如孫氏之音則鬥鬭二字實一字說文鬥爲鬥爭鬭訓遇二義不同且斲非鬥之聲疑鬭別自有音也

鬥之會意

鬧奴敎切市中紛鬨也

鬥之諧聲

鬨　鬩　鬮　埶

鬨下貢切，鬥喧也。孟子曰：鄒與魯鬨。

鬩許壁切，小鬥也。詩云：兄弟鬩于牆。說文：恆訟也。从兒，兒善訟者也。按：兒非善訟者，倪霓鶃皆兒聲，乃⿰齒皆聲也。

鬮古侯切，說文曰：鬥取也。又曰：讀若三合繩約。

埶魚祭切，種也。說文曰：从坴丮，持而種之。徐鍇曰：坴，土也。又作蓺，亦作藝，从云，未達。書曰：歸格于蓺祖。孔氏曰：文祖也。不能明埶之義。按：埶祖猶樹子也，譬諸艸木樹埶，肇造所自始也。僭

巩 𧮫

爲道埶之埶周禮六埶禮樂射御書數

又傳曰陳之埶極杜氏曰準也曰貢之無埶

曰埶貢事曰大國令而共無埶曰希常

無埶杜氏皆曰法制也

巩居竦切說文曰褱也或作鞏

𧮫其虐訖約二切說文曰相踦𧮫也相如賦曰

徼𧮫受詘蘇氏顏氏曰𧮫倦極也音與勮同

執

執之入切說文曰捕罪人也从丮从㚔㚔亦聲經傳之用爲執持

孫夆謹校

六書故弟十三

六書故弟十三

又　𠂇

六書故弟十五

永嘉戴　侗

人八

又延九羽已二切象又手形𠂇臧可切象𠂇手形人之又手力於𠂇手凡任用者尚又俗謂之順手故因之生又助之義亏救切又作右加口馬口手交助也劦助爲𠂇則賀切又

佐左加工焉相工事也易曰裁成天地之道輔相天地之宜以左右民書曰予欲左右有民又曰克左右厥辟宅師詩曰来右命爾曰實右序有周皆經文之未變其舊者也𠂇弱於又故所力與者爲右所不與者爲左傳曰王右伯輿范匄曰天子所右寡君亦右之所左亦左之漢人尚又又丞相位𠂇丞相之上

𠬞

凡下與者爲𠂇與又之假借其用爲复又之借義奪正義而𠂇不便於書故俗复㠯左右爲𠂇又手之文而右助之右左相之左复加人爲佑爲佐加示爲祐

𠂇又之合

𠬞居玉切兩手合也說文曰竦手也又作𢪔揚雄說从兩手又作揭

𠬞之象形

爭　　靜

𤔣側耕切象兩手爭一物𤔣晉姜鼎文說文从受从厂引也曲說也爭之力爲爭去聲諫爭之爭取此別作諍爭之龤聲

靜疾郢切爭息也與竫通說文曰从青爭聲審也按靜無審義从青尢無謂又作靚說文召也賈誼賦澹乎若深囦之靚顏氏曰卽靜也又作姘說文曰靜也

舁　與

舁居許切舁重也兩人三手同力數舁也說文曰共舉也从臼从収讀若余按此非从臼乃兩収相向即舉字也舁重非一人之所勝故从兩収共舁今作舉憂加手贅矣

舁之龤聲

與余呂切相與同事也因之爲黨與之義𦦦古文說文曰黨與也參於其事曰與去聲亦通作預

與　與

䙴親然切舁移也說文曰升高也䙴𢍏古文又作遷說文曰登也𢍌古文按升高與登非與之義且不應从舁與遷實一字後人憂加辵漢志曰與亏帝作單作與

舁之疑

興虛陵切舁之起曰興說文曰从同同力也同舁而後能興引之則凡作興者皆曰興孔子曰興於詩又曰君子篤於親則民興

於仁因物興意之謂興古聲周禮教六詩三曰興又曰吕樂語教國子興道風誦言語凡興者託事物吕起意其感發也深使人之意興故謂之興說詩者常吕興爲比說文者常吕龤殸爲會意故多曲說

収之會意

戒

𢦔古拜切敕葡也兩手執戈戒之義也古㠯兵事爲戒孟子曰辭曰聞戒故爲兵餽之引之則凡先事儆戒者皆曰戒祭祀之禮歬宿之十日戒三日亝戒也者戒亏官有司使各儆乃心共其職具其物也百物旣具然後可㠯壹其亝明㠯戒與亝同說者非別作誡悈課

兵　弄　弇

兵鋪明切殺伐之器也从収執斤說文曰械也兵籒文偁古文从人持干

弄盧貢切兩手持玉玩弄之義也

弇古禫切兩手合覆弇之義也說文曰蓋也弇古文引其義則廣中而陿口者皆謂之弇周禮曰凡聲弇聲鬱康成曰弇謂中央寬考工記曰棧車欲弇飾車欲侈又曰亭唇弇口

丞

謂之旨贏屬春秋傳申鮮虞出奔行及弇中枕轡而寢出弇中曰驅之又姑南於檢二切

辰陵切自下丞上也从収丞卩又作

說文曰翊也从卩从収从山山高奉丞之義

說文曰奉也受也从手从卩从収唐本說文曰从手从丞張叠曰从手从丞按許氏謂丞从卩从収从山㠯山高爲奉丞之義義甚迂曲丞既从収又从手亦無謂當㠯丞爲正丞

𠬞

㕟皆㠯㕟爲聲張參之說必有所本丞與㕟其音同其義又同經傳無用丞字者秦漢始有丞相及安令丞之稱丞相掌丞天子郡縣之丞各丞其安令其義猶曰㕟其下而翊輔之也傳曰子擊之鄭師爲㕟丞㕟特一字也當㠯㕟爲正

𠬞之轉注

𠬢普班切反手有所𠬢爰也別作攀樊聲加手又作攀再加手非漢書凡攀字皆止作𠬢

𠬞之龤聲

弄　　　　　　异

𢍃又勇切兩手弄物也別作奉又加手非又叓勇切合手匊弄也別作捧冊加手非又房用切所弄之物曰弄若秩祿田邑之入皆謂之弄也漢書曰小吏勤事而弄祿薄其益百石㠯下弄十五顏氏曰扶用切漢書凡弄祿皆單作弄別作俸非或作甬用切非

𢀜羊吏切置也書曰异哉試可乃已謂

𢍏　弈　畀

姑置勿論也

𢍏說文曰搏飯也釆聲釆古文辨字孫氏居券切

弈移石切口某也弈者必兩人故从収

畀必至切𢍏物予人也或作畁說文畁𢍏也从収由聲孫氏渠說切畀相仅與之約在閣上也从六由聲孫氏必至切按畀畁特一字相仅之約在閣上曲而不通當㠯从収爲正

収之疑

奐　𢍏

奐呼毌切說文曰取奐也一曰大也从夐省徐鍇曰夐營求也取之義也按夐奐皆从𠂊而聲相近疑𠂊自爲一字三字皆㠯𠂊爲聲也詩云伴奐爾游矣毛氏曰伴奐廣大有文章也康成曰伴奐自縱弛之意也按二說皆非詩意記曰美哉輪焉美哉奐焉康成曰奐言衆多孫愐曰文采明皃

𢍏說文曰持弓拊从肉讀若逵孫氏渠追切

又之象形

厷　叉　聿

厷古弘切乙古文ㄥ象臂取之曲ㄥ之文孤故加又爲厷俗作肱再加肉

叉側狡切說文曰手足甲也象形通亦作爪書傳亦借用蚤字又作搔士虞禮沐浴搔翦

聿鄙密切古所用書也象又持刻画之刀又作筆古之書㠯刀後世易之㠯毫束毫而建諸管故加竹焉說文聿手之疌巧也从又持中孫氏尼輒

切肄與肅皆从聿肃所㠯書也楚謂之聿吴謂之不律燕謂之弗从聿一聲孫氏余律切按書傳未嘗有聿字且手㞢聿巧何㠯取義於中說文謂聿所㠯書而筆㠯其次釋曰秦謂之筆筆聿與書畫皆从聿明聿筆實一字蒙恬始束毫爲筆故秦謂之筆百孫氏分爲二字二音者誤也俗作笔

偺爲發語辭余律切書云聿亦元聖詩云聿來胥宇別作欥說文曰詮辭也从欠从曰曰亦聲班固賦曰欥中龢爲庶幾聿既爲偺義所奪故専㠯从竹者爲筆而孫氏誤㠯爲二字也

史　吏　事

聿之指事

史爽士切掌書之官也秉聿㠯俟史之義也

史之疑

吏力置切分治之職也周禮曰吏㠯治㝵民說文曰从一从史史亦聲按吏从一未達

事鉏吏切說文曰職也之省聲叓古文亦作叓按事疑从史省

聿　書　畫

聲又七賜切漢書事刃公之腹今作剚傳

聿之會意

𦘕將鄰切說文曰聿飾也俗語曰書好為𦘕𦘕讀若津

聿之龤聲

書商魚切書字也者聲

畫戶乚切圖寫物象也或曰㠯聿摹畫

㞢之謂畫說文曰象田三界聿所㠯畫之畫劃古文按聿非所㠯畫

肄

田者画畫同聲俗㠯畫爲画故畫变佮畫盭無義漢畫堂畫室圖畫畫象皆止佮畫

肄羊至切習書也亦佮𦘔矣聲引之則凡肄習皆謂之肄周禮凡王之會同軍旅肄儀爲位傳曰肄業及之又曰爲三師㠯肄馬亟肄㠯疲之說文曰習也隸籀文肄篆文按隶乃聿之譌又佮㣈說文習也肄之僣義爲餘詩云伐

建　肇

小六十七

其條肄傳曰夏肄是屛肄餘蘖同聲

建居萬切苗筆也禮曰柶覆加之及鐕

建之引之則凡植立者皆謂之建說文曰立朝律也从聿从廴假借之音居偃切漢書曰猶

居高屋之上建瓴水也建水猶傾水也

聿之疑

肇池沼切創始也書云肇十有二州又

帚　埽

曰肈我邦亐有夏曰肈造我區夏又作肇說文曰肈擊也从攴肈省聲肇从戈肁聲漢和帝諱闕之李舟曰擊也肁始開也从戶从聿治小切徐鉉曰聿者始也按聿無始義開戶不應㠯聿書傳肈皆爲創造之義

帚之九切帚所㠯糞除也象手持帚之形

帚之會意

埽蘇老切从帚从土埽除之義也或作掃再

彗 丑

加手非

彗祥歲切帚小而弱空吕埽室堂彗廣末而彊空埽除麤穢各象其形說文曰𥱊古文或作篲

丑奴九切手丑取物也或曰手械也象形別作扭杻杽鈕鈕𤤟僭爲十二辰子丑之丑敕九切說文曰紐也十二月萬物動用事象手之形昔加丑亦聲手昔昔也按妞忸皆吕丑爲聲奴九切爲音之正十二辰不可厺文故皆假僭許氏欲傅會卒篇之大義故其說

叉　尹

尢鑿而不通

𠬜初加切指鍇也或曰指叉取物也木之叉叉別作杈叉又去聲別作䟕

𠕁余準切主事者也象執持之形凡主宰者皆謂之尹書曰尹爾多方曰尹茲東夏說文曰治也从又丿握事者也𢘅古文

尹之會意

大司二十

云

君

寸

小四十七

君舉云切君者出命者也故从尹从口尹亦聲𠳳古文說文曰象君坐形按𠳳从[illegible]省聲

又之指事

寸倉困切說文曰十分也人手卻一寸動衇謂之寸口寸者度之所从夳分者十分其寸也

寸之諧聲

導

導說文目此爲古文道非導徒到切篦類也令之搔頭擿篦之類漢晉天子所建玉導是也漢有導官令主米事導擇蓋目篦別擇之王莽使太醫尚方與巧屠刳剝王孫慶量度五藏目竹筳導其衇知所冬始隨志曰先所目建冠於髮導所目轢鬢髮於巾幘之裏也相如賦曰導一穗

寺　專

六𦮃於庖謂導擇也說文誤太道桼文非也凡鄉道道山道河皆謂順其道而道之當直作道去聲

寸之疑

寺祥吏切周官寺人掌王之内人秦漢㠯來官府謂之寺說文廷也有法度者也从寸之聲

專職緣切專壹也說文曰六寸簿也一曰專紡也别作嫥說文曰壹也又注官切圜欒也周禮曰其民專

尋

而長亦通作摶今俗作團

尋士箴切吕手度之八尺為尋假借之用為温尋之尋春秋傳尋師尋盟皆此義也子貢曰若可尋也亦可寒也與爓通説文曰繹理也从工从口从又从寸工口亂也又寸分理之彡聲唐本不从口而从几二唐玄度林罕云古文从寸从尺説文葢緣温尋而生繹理之説今俗又以之生尋求之義誤矣

彠　采

尋之龤聲

彠乙虢切度也又作彟楚辭曰求巨

矱之所同

采倉宰切手在木上采之義也凡農桑皆采也民事莫多於采故謂事曰采書云亮若予采僭爲僚采之采別作寀爾雅寀寮官也說文曰同地爲寀又禹貢曰五百里侯服百里采二百里

𠬪　𤔔

男邦三百里諸侯采畿內公卿之食邑也

又爲采色之采謂丹朱青堊之類所㠯

佐色者也書曰㠯五采章施于五色別作綵彩

𠬪上下兩手相授受也說文曰物落上下相付也从爪从又讀若摽有梅孫氏平小切

𠬪之會意

𤔔治絲也一手提絲一手治之說文𤔔古文䜌

𤔔

字亂也一曰治也徐鍇曰象絲亂而爪治之爪𤔔手也孫氏呂員切集韻盧玩切古孝經同又作𤔔說文曰治也幺子相亂𤔔治之也讀若亂一曰理也𤔔古文孫氏郎段切按辭呂𤔔爲聲疑𤔔與𤔔卽治字書曰亂而敬又曰惟呂亂民曰自亂亏威儀凡治皆作亂胎𤔔之譌也按說文亂治也从乙乙治之也孫氏郎段切治亂相反不應同文說文之說孫氏之音紛然交亂未知所壹當俟考文者正而壹之

㥯　受　寽

㥯依謹切說文曰所依據也从工讀與隱同徐鍇曰俗作櫽非

𠬪之諧聲

受秦鍾盄文𠬪師毛卣文常帚切上予而下受也說文受从𠬪舟省聲按鍾卣之文皆从舟說文亦云舟聲而受之上乃作爪蓋受之譌也商主受尚書皆作受他經傳皆作紂一人不應兩名且自商紂之外皆無用紂字者蓋受之譌也

寽律捂切又力輟切一手持物一手寽取之

爰

也一聲別作㩢說文曰爭五指捋也捋取易也按爭捋實一字

㥥亏元切相爰引也孟子曰嫂溺則爰之㠯手引之爲𠬪爰之義詩云有兔爰爰兔足短後其行常探脊故曰爰爰所爰爲爰杏㲉別作援加手非偺爲發語辭詩云爰居爰処又偺爲藩爰之爰亦作援春秋傳晉人㠯君命賞於是作爰田杜氏曰分公田之稅應入公者爰之於所賞之眾國語

𠭥　及

作轅田韋昭曰易也爲易田之法賞衆以田易疊界也或云轅車也以田出車賦韋昭謂賞以說衆而言出車賦非也說文趄趄田易居也徐鍇曰爰田之爰卽此字謂以田相換易也

𠭥苟菼切說文曰進取也引之爲果敢之義說文𢽍籒文𣪊古文

及其急切追及其人也从人而又屬其後及之義也說文曰逮也乀古文及秦刻石弓古文遷亦古文

大九十三　王

隶　隸　𣦼　𣪠

隶𨑒鼐切堇及也从又持尾省纔隶及其尾也別作逮

隶之諧聲

隸郎計切　曰附著也隸篆文

𣦼說文曰穿殘也讀若殘

𣦼之諧聲

𣪠說文曰𣦼深堅意从𣦼从貝貝堅寶也讀若概按如許氏說从貝無義貝

乃聲也

父

父浮甫切尊老之稱也有子者謂之父从人又持丈老者然後丈也凡父之兄弟通曰父又孚武切與甫通

父之龤聲

爹

爹陟可陟邪的奢三切𣬉俗呼父曰爹梁書曰始興王人之爹何昔憂來乳哺

大、四十六

攴　友

佐六十三

我俗亦呼爺木蘭詩曰阿爺無大兒

攴章移切攴吾也說文曰厺竹之攴也从手持半竹㩻古文按手持竹所㠯攴吾古攴意亦如此俗作楮又爲本攴之攴詩云本攴百𠀤凡木正爲榦旁爲攴別作枝人身爲榦手足爲攴俗作胑肞令俗㠯內貟財爲収出爲攴未知何所本或曰取攴分之義

𠬪延九切二又相从友之義也洪範曰彊

仅　夐

弗友剛克燮友柔克兄弟相愛謂之友引之爲朋友皆取劦同之義兄弟同生也朋友同道也詩云嚶其鳴矣求其友聲矧伊人矣不求友生説文𦫵丠古文

仅方遇切从人又授物於人仅之義也説文曰从寸持物對人按寸不能持乃又之譌也

夐辻活切隹欲奮而手矍之夐之本義也

𠬸　夬　爯

說文曰手持佳失之也又作敓書曰敓攘矯虔

𠬸課骨切說文曰入水有所取也从又在回下囘古文回一曰囘省叡

夬古賣切決也从又从先省㠯先決物也易曰夬決也又古賣切

爯處陵切舉也說文曰并舉也又厺聲一作森

又之龤聲

攴　攺

攴普木切扶也扶重而攴𢾾輕有督策之義焉又作𢻰書曰扑作敎刑凡敎敕者从攴

攴

攴之會意

攺溪禰切開戶也開攺之聲通而義有廣陿開从門攺从戶其義可推矣別作启說文開也从戶从口又作啓

寇　政　攽

寇可候切毀完爲寇書曰寇賊姦宄

孔氏曰群行攻刼曰寇

政之盛切正之曰政語曰政者正也法度紀綱政之大者也

攽希還切分也古通作班頒又作朌禮曰朌肉及受車

攴之諧聲

敕

敕恥力切。敕正也，戒敕也。攴所㠯督人。說文敕擊馬也，朿聲，孫氏楚革切；敕戒也，臿地曰敕，朿聲，孫氏恥力切。按擊馬當作策，敕㠯朿爲聲，非恥力之音也。詩云：旣匡旣敕。毛氏曰固也。按秦漢㠯來人主之命令稱制爲敕令，漢書猶皆作敕，六翰始通用勑字，令皆作勑，實當作敕也。

敕之會意

整

整之郢切。敕正之也。

放　　敖

放甫妄切庰遷也書曰放驩兜于崇山又曰放牛于桃林之野說文曰逐也放之所厎爲放上聲記曰推而放諸東海而準孟子曰放于琅邪又借爲放象放效之放別作倣仿髣

放之會意

敖五牢切出游也別作遨詩云微我無

敫　　　　敫

酒吕敫吕滸僭爲倨敖敖慢之敖𡗜

聲別作傲說文曰倨也又作敖說文曰侮易也吕氏晉秋史記作傲

放之疑

敫說文曰光景流也从白从放讀若龠又吉歷切敬也吉弔切歌也堅去切擊也又䡌幺切按敫之音義俱可疑吕敫爲聲者徼繳噭有堅去之音激覈有吉歷之音繳弜之繳有龠音

敿居效切譈不能也譈人者吕言敎人

必有術業規巨程督之方故从攴又作斆𢼄說命曰惟斆學半孔氏曰斆教也陸氏戶孝切說文曰敎上所施下所效也从孝[illegible]𢼄丝古文斆覺悟也从教从冂冂尚矇也臼聲斆篆文孫氏胡覺切按說文吕斆學爲一字於說命斆學之說不通斆教實一義斆从學而攴吕督之敎之義也亦通用學字記曰凡學世子及學士必旹旾夏學干戈秋冬學羽籥小樂正學干籥師學戈又曰學

斆

肰後知不足斆肰後知困知不足肰後能自反也知困肰後能自彊也故曰斆學相長也兑命曰學學半其此之謂乎陸氏曰上學戶孝切學也

斆戶敎切眂已爲者而放斆之也斆與學聲義相近說文曰象也別作効傚詨又顯致曰斆記曰斆馬斆竿者孟子曰斆能勿吞傳

敦

曰使諸侯偽效烏餘之封漢書曰諸牧效首虜曰請畢今曰驩效能於歬因之爲續效爲效驗漢伍被諫淮南王㠯吳楚七國爲效

敦都昆切篤也崇也厚也易曰敦艮之吉㠯厚皃也又曰安土敦乎仁中庸曰敦厚㠯崇禮曰大悳敦匕書曰敦敘九

乑曰敦信明義令俗作惇从心蓋後人所易漫失其本義矣又都回切與㠯通又都內切盛黍稷器也周官曰共珠盤玉敦昬禮曰黍稷三敦皆蓋亦作[illegible][illegible]季敦文从皀又汏官切詩云有敦瓜苦毛氏曰猶專專也敦煌郡名又汏本切傳曰舜流三凶乑渾敦其一又詩云敦弓既堅毛氏曰畫弓也陸氏都僚切又都雷切

敏　敃　敄　孜

敏眉隕切趨功勤速也別作勄慜

敃眉隕切不顧是非而力為之也又作暋書曰殺越人于貨暋不畏死又曰其在受德暋惟羞刑暴德之人同于厥邦說文曰敃彊也暋冒也

敄亾遇切專力其事也說文曰彊也又作騖

孜津之切黽勉不輟孜孜也通作孳

故　　敂

故古慕切造意為之也書曰宥過無大刑故無小造意為故差誤為過凡造作者必有其故詩云維子之故春秋傳曰為周公祊故六書之說謂之訓故別作詁說文詁訓故言也毛詩訓詁舊本作故又引之為新故之故

故舊也

敂苦垕切又去聲小擊也又作叩又作詁

攷　敲　攻

攷苦浩切敂擊也攷器者敂擊吕毄其工苦故凡攷毄通曰攷古通作考詩云考槃在阿曰子有鍾鼓弗鼓弗考

敲口交切敂之重爲攷攷之重爲敲敲攷敂聲義相通輕重如其聲說文敲橫擿也敲擊頭也又作擊公羊傳曰吕斗擊而殺之或又作搞

攻沽紅切致力攻治也攻堅攻木攻金

敗　敝　改　㪅

攻城皆此義也又去聲攻穴之也俗作竇

敗卜戒切毀之也自壞爲敗步拜切說文賊敗皆从貝䢅籒文又退敗壞也按敗之从貝無義貝乃聲也

敝毗祭切靡敝也說文曰帗也帗一幅巾也一曰敗衣也俗作弊

改古亥己里二切革也

㪅古行切革故㪅新也因之爲㪅迭又

變　敬

因之爲更歷持夜者分爲五昔每一昔
輒更其人謂之五更更改革聲義相通
又古孟切夏也
變彼眷切更易也
敬居慶切戒慎也从攴所以敕戒之敬
之本義始此子路問君子孔子曰脩己
以敬曰如斯而已乎曰脩己以安人曰

如斷而已乎曰脩己㠯安百姓脩己㠯
安百姓堯舜其猶病諸聖人之道始乎
脩身脩身之道本乎敬易曰君子敬㠯
直内義㠯方外敬義立而悳不孤直方
大不習無不利則不疑其所行也敬則
心存心存則道立故曰敬悳之聚也中
庸曰君子戒慎乎其所不睹恐懼乎其

敘　數

所不閒所吕敎敬也程子敎學者立悳必由主敬其有功於後學大矣

敘象吕切又去聲𥳑次也與序通序者自然之序敘者𥳑次其序也

數爽主切枚計多寡也又雙遇切自一至萬億兆豖謂之數因之爲頻數色角切語曰事君數斷辱矣記曰祭不欲數

敉　　敞　救

又因之爲數密趨六切孟子曰數罟不入洿池考工記曰數目顧脰

敉緜婢切書曰予敉寧武圖功又曰敉寧王大命曰亦未克敉公功亦越武王寧惟敉功爾雅曰撫也或作侎

敞齒兩切豁開也

救居又切振捄急難也

敺 敍 毆 斁

小六字

敺亭歷切充也當也

敍式夜切宥舍罪過也

毆虧亏切驅逐也孟子曰爲湯武毆民

者桀與紂也漢書曰毆人人烏孫眾兵亦

通作驅

斁夷益夷約二切厭也詩云服之無斁

又曰在彼無惡在此無斁通亦作弢詩

敜　敿　敔

云神之格思不可度思矧可斁思又丁故切斁壞也書曰彝倫攸斁孔氏曰敗也詩云耗斁下土毛氏曰敗也說文作殬

敜諾劦切書曰敜乃穽孔氏訓塞疑即捻字

敿疑夭切書曰敿乃干孔氏訓施說文曰擊連也疑即撟字

敔偶呂切書曰合止柷敔郭璞曰狀如伏虎背有二

敳　戳　敶　敧

十七齟齬呂木長尺轢之

敳負開切春秋傳八凱其一名隤敳說文曰有所治也

戳直角切呂攴衡築也又敕角切與擉義近銳而入曰擉椎而築曰戳

敶池鄰切說文曰削也古借用陳

敧去奇切傾敧也又作攲欹从欠乃攴之譌

攸

攴之疑

攸延秋切 說文唐本曰水行攸攸也其中从亻徐本曰行水也其中从丨从攴从人从水省㳆秦嶧山刻石文傳曰恤恤兮湫兮攸兮 按說文及秦刻石此爲攸之本義攸長攸遠之義皆取此唐本是也若曰行水則已有游字矣徐本非也詩云爲韓姞相攸

攸所也凡書傳之用訓所者爲多 按此爲假偺偺義奪正故攸攸之攸兮加水爲滺滺心思之攸長加心爲悠

𣪊　敄　殳

𣪊書曰箸𣪊乃甲冑孫氏洛𡵉切孔氏曰篇也說文曰擇也从攴㝐聲按㝐非洛𡵉之聲詳費誓斁意殆亦非篇擇之謂

敄孫氏許其切說文曰从厂厂之性坼果孰有味亦坼故謂之敄未聲按說文聲義俱舛犛嫠氂皆㠯此爲聲其義闕

殳市朱切長兵也詩云伯也執殳爲王前驅毛氏曰殳長而無刃考工記曰殳長尋有三尺說文曰㠯杸殊人也禮殳㠯積竹八觚長丈二尺建於兵車旅賁㠯先驅杸軍士所持殳

毅　殷

按殳建於兵車正軍中所用非有二物別立杸字非傳曰張匄抽殳而下扶伏而擊之折軫

殳之龤聲

毅魚既切彊忍也傳曰致果爲毅果非毅也致果然後爲毅

殷衣身切衣謹二切衡轉如身之殷也詩云殷其雷杜子美詩曰鼓角緣邊郡川

原入夜旹秋暀殷地發風檄入雲悲考
工記曰殷畝而馳也書曰日中星鳥㠯殷
中旹宵中星虛㠯殷中秋孔氏曰正也馬鄭曰中也
周官十有二歲王巡安殷國鄭氏曰殷衆也
之爲言猶身也冬夏之日南北厎至故
曰正旹秋之日衡殷南北之中故曰殷
王巡安殷國者周考邦國也史記天官

書曰北斗七星杓攜龍角衡殷南斗魁
枕曑首又曰衡殷中州河濟之閒殷之
本義葢如此書云三后成功惟殷亏民
孔氏曰殷盛也言其功惠之實徧隶民人也俗
吕周致爲殷勤亦此意也俗作慇又易曰
先王吕作樂崇悳殷薦之上帝馬氏曰盛也京
本作隱書曰王肇稱殷禮周禮曰殷見曰

癹　殺

同般眺曰眂康成曰般猶衆也又烏閑切朱奈之色般明也傳曰爻輪朱般

癹普末切披擊也說文曰㕣足蹋夷艸也从癶从殳鏺兩刃木柄可㕣乂艸按足蹋不當从殳鏺卽癹也又作𤼵

殺山戛切𩟓也說文曰戮也杀聲𢿱𢽿𣫔杀𣏂古文徐鉉曰說文無杀字相傳音察徐鍇曰杀从乂朮聲林罕曰杀古文察又作𦁰考工記曰攫𦁰爰簭陸氏色界切蠆氏色例切按𦁰卽殺字又所戒切減

弒　毆　散

削也

殺之龤聲

弒式吏切下殺上曰弒

毆烏后切說文曰捶擊也

散克角切擊堅也說文曰从上擊下也一曰素也類篇曰堅固也別作搉

假借之用二果核之鄂甲曰散

削子曰木葉幹散別作殼又黑角切毆不

出散之也褚師聲子曰臣有疾異於人若見之君將散之又作咯

段

段都玩切說文曰椎物也耑省聲引之爲段鍊別作鍛煆又爲段厲詩云取厲取段旾秋旹凡名段者皆字石別作碫說文曰碫厲石也又徒玩切斷截爲段

殿

殿丁見切師行勇者殿後也語曰孟之

殹　殽

反不伐彝而殹引其義則詩所誦殹天子之邦毛氏曰鎮也鎮雖未足以盡其義然與殹聲義相近說文曰擊聲也僭爲宮殿之殿定見切別作壂

殹煙奚切又去聲說文曰擊中聲也

殽戶交切爻鐕之也本但作爻殽函地名別作崤

䝤　祋　反

殳之疑

䝤說文曰揉屈也从殳从皀皀古文叀字廏字从此徐鍇曰叀小謹也亦屈服意孫氏居又切按小謹於揉屈義不通疑廏既聲既譌爲䝤也

祋詩云何戈與祋說文曰祋殳也示聲引詩孫氏丁外切陸氏又都律切䝤繇擊也古文祋如此孫氏度兵切

反甫遠切手反覆也厂聲說文曰厂引之象形非爲還反凡覆與故者皆曰反別作返彶說文返還也

瓪　叀

爲反倍又爲反變乎聲漢書雋不疑行縣錄囚有所乎反俗通作番翻

反之龤聲

瓪薄半切倍夻也古通作畔

叀芳無普無二切布也司馬相如封禪書曰雲叀霧㪚說文曰布也从寸按又所㠯叀之从寸乃又之譌又作敷說文曰敁也按叀已从又从攴者後人所加又作旉从方按易說卦震爲旉王氏曰

𠌶之通名鋪爲𠌶皃謂之藪音孚本又作尃姚氏曰尃一也按尃乃叓之譌又作捬漢書曰捬徧九州令俗通作鋪非

叔 度

叔尸竹切說文曰拾也詩云九月叔苴借爲叔季之叔說文曰汝南名收芌爲叔或作⿰尗寸从寸

度植路切長短之則也分寸尺丈尋常通謂之度庹省聲借爲渡度之度別作渡量其長短謂之度特洛切

尌　曼　矍

尌常句切植也說文曰立也讀若駐从豈从寸

曼亾販切說文曰引也引其義爲延長楚辭曰曼予目巳流觀又曰蛾眉曼綠目騰光又莫官切伯曰冒其目而取也此爲本義今作謾瞞

矍九縛切拏奪也說文曰隹欲逸走而又持之一曰眡遽皃按瞿乃聲也別作攫說文曰扟也扟从上挹也孫氏所臻切

𢿿　將

𢿿側巳切　叉矍也𢿿𡝩之辨如其聲又作担摣

將資良切　攜持也又作將說文曰扶也又作𦟝

說文曰師也从寸醬省聲孫氏即訊切按將之从寸亦又之譌也詩云將

匡是將又曰不皇將母語曰將命者出戶

傳曰鄭伯將王自圉門入又曰公將上軍

太子申生將下軍將之義一也將軍猶帥入聲

師也將軍者謂之將去聲猶帥師者謂之

叔

帥太殽也令讀叔軍帥師皆太殽非因之爲叔迎叔送也詩云之子于歸遠予叔之僭爲幾叔叔欲之叔公羊傳曰君親無叔叔而誅焉又爲大詩云禍復叔之曰亦孔之叔在渭之叔又七羊切詩云叔子無怒曰叔叔毋狃幾願辭也又爲金玉聲詩云佩玉叔叔與瑲⿰金叔通

大召五十二

敊楚快切小舂也別作籔初桼切又初芮切

奴　收　臤　豎

奴乃都切罪隸也周官曰其奴男子入于罪隸女子入于舂槀䇭古文説文曰从女从又按男女雖通謂之奴然其分男爲奴女爲婢奴非从女乃女聲也古文从人女聲是其證也

收尸周切擩斂也

臤説文曰堅也讀若鏗鏘之鏗古㠯爲賢字孫氏苦閑口耕二切

臤之疑

豎上主切周禮曰内豎倍寺人之數康成

曰豎未冠者說文曰立也豆聲豎籒文又作竪侸說文侸立也

肅

肅息逐切叟手肅拜也周禮九拜九曰肅拜鄭司農曰但俛下手今旹揖是也記曰主人肅客而入又曰婦人雖君賜肅拜爲尸坐則不手拜肅拜康成曰肅拜拜低頭也手拜手至地也婦人㠯肅拜爲正傳曰爲事之故敢肅使者三肅使者而退介者不拜故肅之从又𣶒聲引之爲共肅整肅之

叟　疌

義書云共作肅說文曰持事振敬也从聿在㫃上戰戰兢兢也按肅

非戰兢聿在㫃上之說甚牽彊而不通歗

肅蕭鱐皆㠯肅為聲詩絛其歗矣與淑劦

耑與肅實同聲[illegible]

古文从心从卪

𦘔失神[illegible]切說文曰引也

疌疾葉切手足相應敏疌也从人从又从止入

聲說文疌機下足所履者从止从又入聲

孫氏尼輒切疌疾也从止从又屮聲孫

氏疾葉切按疌疌實一字織者足躡於下

手應於上務於敏疌實一義也屮於聲不

龤乃入之譌旁趨取殯因謂之疌詩云豈敢定居一月三疌傳曰僨我不如疌之速也戰勝因謂之疌今作捷又之疑

皮

㞋蒲羈切㕘毛曰皮完曰革說文曰剝取獸革謂之皮从又爲省聲𥫁古文𡰪籀文伯曰象卷皮而手攝之

皮之龤聲

皰 皽 皸 皴 皺

皰披敎切皮爲气所攻浮泡也通作泡

皽章䈴切記曰取豚炮之擘之去其皽康成曰皮肉之上魄莫也

皸拘云切手足凍瘃也漢書曰手足皸瘃別作⿰旬皮

皴七倫切皮微瘃皴起也說文新附

皺側救甾尤二切皮蹙也與縐通

皵　⿰巤皮　⿰合皮　𤿬　取

皵倉各七約二切皮理卬鐠也

⿰巤皮力盍切⿰合皮悳盍切⿰巤皮⿰合皮皮寬縱皃俗語

皮之疑

𤿬古文𤿬籒文𤿬說文曰柔韋也从北从皮省从夐省讀若耎或讀若雋按考工記攻皮之工函鮑韗韋裘鄭司農曰鮑書或爲鞄蒼頡篇有鞄𤿬

取此苟此主二切說文曰捕取也从又从耳周禮獲者取𠂇耳按取之義甚㨗乃獨㠯取耳爲義不能於忍者乎取馬曰取左聲易

𠬝 叜 叚 燮

曰勿用取女別作娶

𠬝說文曰治也从又从𠂆下事之𠂆也孫氏房六切

叜穌后切於書傳爲長老之稱說文曰老也从又从灾闕𡨦籒文从寸又作傁

叚說文曰借也𠬛古文叚譚長說叚如此孫氏古雅切

燮燮穌劦切書曰燮友柔克又曰燮理侌易曰燮和天下調也說文燮在又部和也从言从又炎𣪊燮籒

文从羊羊音飪讀若溼燮在炎部大孰也从又持炎辛辛者物孰味也徐鍇曰燮从炎从又孰物可持也燮从燮省言語㠯和之也二字義相出入按炎非燮之聲疑燮燮實一字羊之譌爲辛辛之譌爲言

㕞

㕞所劣切說文曰拭也从又持巾在尸下按刀部有刷字說文曰刮也疑㕞自爲一字

尢

尢羽求切甚也甚惡甚美皆曰尢傳曰尢物足㠯移人人之所爲太過則人甚之

叏　卑　差

亦謂之尤傳曰尤而效之語曰言寡尤亦通作郵說文曰異也从乙又聲按尤从乙無義俗作訧

叏偷勞切說文曰滑也詩曰叏兮達兮从中一曰取也

夊之疑

卑賓彌切下也說文曰賤也从ナ从甲徐鍇曰又重ナ卑故在甲下

差說文隓差聲徐鉉曰說文無差字蓋二左也眾力左之故从二左

六書故弟十五　　孫奎謹校